为 人 生 提 供 领 跑 世 界 的 力 量

BLACK SWAN

不是最强壮的能生存，

也不是最聪明的能生存，

而是最适合的能生存。

互联网+

小米案例版

刘润 著　叶光森 整理

图书在版编目（CIP）数据

互联网+ / 刘润著. --北京 ：北京联合出版公司，2015.5
ISBN 978-7-5502-4735-2

Ⅰ. ①互… Ⅱ. ①刘… Ⅲ. ①网络营销 Ⅳ.①F713.36

中国版本图书馆CIP数据核字(2015)第031771号

互联网+

作　　者：刘　润
责任编辑：牛炜征　徐秀琴
装帧设计：红杉林文化

北京联合出版公司出版
（北京市西城区德外大街83号楼9层　100088）
北京鹏润伟业印刷有限公司印刷　新华书店经销
字数176千字　710毫米×1000毫米　1/16　18印张
2015年5月第1版　2015年5月第1次印刷
ISBN 978-7-5502-4735-2
定价：42.00元

目录

上篇 感知正在生成的未来

中篇 做适者生存的“达尔文雀”

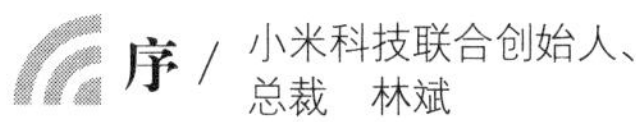

序 / 小米科技联合创始人、总裁　林斌

“互联网+”并不神秘，就是提高效率

早在2009年，小米还没创办的时候，雷总就和我热烈地讨论过，怎样用互联网的方式来做智能手机，创建出一套跟传统公司不一样的做法。从产品的早期研发，到做完手机之后的销售模式和推广模式，都要借助互联网搞颠覆式创新。

我们当时没有总结得像今天的“互联网+”这么好。今年的两会把“互联网+”提到了国家战略的高度，这也是对我们这五年多工作的一个肯定。

我对“互联网+”的理解是：用互联网方式重新做传统行业的产品和服务。我们两年前在智能硬件领域开始布局，大量投资，就是延续小米手机商业模式的创新，做智能硬件的“互联网+”。

刘润的新作《互联网+：小米案例版》关注的核心问题是：传统企业从小米身上，可以学习到什么样的“互联网+”方法论。

我觉得小米主要有三个方法。

第一是从根本上来做好产品。以前的生产性行业和快速消费品行业，大家想的更多的是我的产品要在国内能卖，得先定一个合适的价格，在这个价格的基础上，再想怎么把产品成本压下来，怎么把渠道费用降下来，怎么把推广费用加上去，最后能保持10%～20%的利润。大家就是用这个方式来做产品。

我觉得“互联网+”带来的一个最核心的变化是商业模式的改变。我们开始做产品的时候，从来不去想价格，一上来先问能不能在这个产品里面用最好品质的供应商、合作伙伴。要做出超越用户预期的功能、性能和品质的产品，遵循国际最高标准，先从这个角度去想。

第二点就是我们的产品做出来后，要去掉所有传递价值的中间环节，给大家一个买得起的价格。我们能根据硬件成本来定价，因为我们用互联网去掉了渠道环节，电商也是“互联网+”的一部分；推广的时候，也尽量运用社交媒体的传播能力。价格如果可以降得更低，就能让更多的人可以买得到，能让销售的量级比原来的更大。

第三点，销量起来之后，给用户提供更高品质的后续服务，通过高品质的服务来实现最终的盈利。

这三点是我们在做智能手机过程中总结的一些经验，现在我们开始在智能硬件领域复制。我们把智能硬件的性能和品质做得最好，然后再通过电商的方式把价格做得比同类产品便宜很多，卖出很大的量。加大销量之后不仅可以通过服务盈利，同时也降低了硬件的生产成本。

在创办小米的时候，我们没想过智能硬件领域，做了智能手机后发现，同样的商业模式可以做很多别的智能产品。这也体现了“互联网+”是有普适性的。

当然外面很多传言，说小米要做汽车、做房地产，我们都已经辟谣了，这些我们都不会做。我们觉得跟智能手机品类很接近的，或者互相有很强的粘连性的行业，像电子消费品、智能家居是下一个台风口。

经过考察，雷总跟我们讨论的时候说，这个机会是我们可以做的。因为我们做过手机，也做了电视，之后又做了路由器，如果我们来做智能家居，从硬件研发到软件体验都去做的话，肯定可以做好。这些智能硬件大部分都是跟手机的粘连性很高的，手机能够远程控制净化器，相机也可以跟手机联系起来，它们的联动性很好。

我们通过投资的方式，与合作伙伴一起做，抓住这个大机会。某些品类的合作伙伴还不止一家，因为这个行业很大，我们的合作心态是蛮开放的。

其实不只是智能硬件行业可以用小米的方法来做，毛利率虚高、产品适合用电商的方式获得大量传播、产品可以有附加增值服务，有这些特征的行业其实都有机会用小米的“互联网+”的思路把它做一遍。

比如说房地产和汽车，虽说小米不会去做，但是它们挺适合用“互联网+”重新做。

我和雷总参观过特斯拉的工厂，其实它做汽车的很多思路跟小米在中国做手机特别像。

它对产品的定义就跟传统公司完全不一样，它会给用户一个非常大的惊喜，没有想到，原来汽车可以这么做，这是非常超出用户预期的。

它的销售模式其实也很独特，相当于在网上卖汽车，但是有线下体验店。它也不走什么代理商渠道，把中间环节全去了。这跟我们在网上卖手机，在线下开“小米之家”的模式挺相似的。

在中国的各个行业都有用“互联网+”重新做的机会。这既让广大创业者兴奋不已，同时也让很多传统企业有些恐慌。

其实大家不要觉得“互联网+”或者互联网思维有多神秘，我觉得回到根本的根本，就是提高效率。

提高效率有很多方面，比如提高产品效率。你做十个产品消耗的精力可能远比做好一个产品消耗的精力多得多，但你发现做十个产品还不如做好一个产品创造的效益高。

提高效率还包括提高公司的组织效率，以及商业模式的效率。在销售方面，产品从你的仓库出来了，要经过省代、市代、县代，每一级代理商都意味着一道销售环节，效率很低；推广方面，传统做法的效率也是不高，我的微博粉丝不多，但是好的微博我一转就是几百万的阅读量，非常有效率，现在微博、微信有这么强的传播力，就是企业提高效率的途径之一。

所以传统厂商不要觉得“互联网+”有多神秘，就是要提高效率，在整个公司的运营上提高效率。

提高效率的大方向和具体操作方法，大家可以看看这本《互联网+：小米案例版》。

前言

"互联网+"成为国家战略，传统企业明确自身进化道路刻不容缓

3月5日，李克强总理在2015年度《政府工作报告》中指出，制订"互联网+"行动计划，推动移动互联网、云计算、大数据、物联网等与现代制造业结合，促进电子商务、工业互联网和互联网金融健康发展，引导互联网企业拓展国际市场。

就在一天前，全国人大代表、腾讯创始人马化腾带来了《关于以"互联网+"为驱动，推进我国经济社会创新发展的建议》的议案。马化腾建议，从顶层设计层面制定国家的"互联网+"发展战略，推动"互联网+"健康发展的指导意见应尽快出台，促进互联网与各产业融合创新，在技术、标准、政策等多个方面实现互联网与传统行业的充分对接，并加强互联网相关基础设施的建立。

面对互联网金融、互联网交通、互联网医疗、互联网教育等新业态的蓬勃发展，以及产业界的呼吁，李总理适时提出以"互联网+"战略推动中国产业升级令人鼓舞。

在过去的一年半中，我一直致力于帮助传统企业理解互联网，理解互联网作为一个技术的工具，对商业已经和即将造成的影响，以及探寻传统企业可以采取的应对之道。我把我的粗浅理解归纳为“互联网加减法”，写成了一本书《互联网+战略版：传统企业，互联网在踢门》，感谢磨铁出版机构，能够帮助我把这本拙作出版，与更多的人分享我的观点。

达尔文雀依亲缘关系排成演化系统树：1.啄木鸟。2.红树林雀。3、4、5.是大、中与小食喙雀。6.素食雀。7.鹭雀。8.可可斯岛雀。9、10、11是大、中、小地雀。12.尖喙雀。13、14.仙人掌雀。

面对李克强总理提出的“互联网+”国家战略，我的建议是，传统企业在做加法（加上互联网的效率）同时，也必须要懂得先做减法（减去传统模式的包袱）。我在《互联网+战略版：传统企业，互联网在踢门》一书中，提出了“互联网+/–法”。

最近一年多，我在不同场合给上万人分享我依据“互联网+/-法”不断得出的发现，和上百家企业深入讨论他们的转型策略。我非常高兴有不少企业在我的帮助下，已经在转型的道路上走出了自己的路，有的也取得了阶段性成功。我发现我深深地爱上了这项工作。

可是，研究得越深入，我越是惊慌地发现自己的无知，别人称呼我为专家时，我越是诚惶诚恐。研究得越深入，我越是深深地感受到，我们面对的，是一个从来没有过的伟大变革。面对这样的变革，没有人敢说自己是专家；面对这样的伟大时代，只有智慧而勇敢的尝试者。商业环境，正在从中生代的白垩纪，进入“商业新生代”。

商业，似乎也在进化。

为了更加深刻地总结“商业新生代”的进化，以及帮助传统企业找到适应新变化的“血清”，我决定做两件事情：1．学习进化论，研究环境变化与物种进化之间的关系；2．解剖新物种，看看它的身上到底发生了哪些变异，可以适应新生代的商业环境。

于是，2014年7月，我沿着达尔文的步伐，去到了启发达尔文提出“进化论”的圣地：南美洲的加拉帕戈斯群岛。

1835年，达尔文作为首位踏上这块土地的科学家，被这个神奇的群岛上巨大的象龟、海鬣蜥所震撼。但真正奠定了《进化论》基础的却是一种很不起眼的雀类。英国著名鸟类分类学家约翰·果尔德在研究达尔文收集的鸟类标本时发现，这些小雀竟是一些新种。这些雀类在不同的岛上，因为吃不同的食物，喙部很不一样，以此来适应不同的生活环境。这种现象启发了达尔文，让他提出了著名的“进化论”。这种雀，后来被称为“达尔文雀”。

商业进化论的基本逻辑是：环境变了，适应新环境的物种能够活得好；不适应新环境，在原来环境里活得好的反而不行。

我在岛上待了6天，除了参观各种生物，就是和在达尔文研究站工作了近40年的Luis讨论进化的问题，并向他请教进化论的问题。感谢Luis，他客观、中立、不偏激的观点，给了我非常多的指导。

最让我觉得有意思的是，Luis是一位天主教徒，我非常好奇，进化论难道不是和宗教格格不入的吗？Luis告诉我：宗教管理精神世界，科学管理现实世界，不冲突。这种态度让我有些震惊。连天主教徒都可以接受进化论，那些传统企业为什么不能接受互联网，或者其他新事物呢？

一边研究进化论，我心里也一边在寻找商业领域的“达尔文雀”来作为研究对象。

随着研究的深入，我的想法日渐清晰，在突变的中国商界里，似乎再也没有比五年做到743亿销售额的小米更加适合被称为“达尔文雀”了。

全国人大常委会委员、全国人大财政经济委员会副主任委员吴晓灵在强调“互联网+”的重要性时表示，互联网、物联网已经在推动生产方式、商业模式和管理方式的改变，这将引领中国经济实现弯道超车，赶超世界。如果我们不能抓住这一趋势，对中国经济而言将是重大损失。

小米正是通过充分利用互联网，实现了“生产方式、商业模式和管理方式的改变”，成为中国制造“弯道超车，赶超世界”的典型成功案例，以及“互联网+”的标杆企业。

在研究方式上，目前关于雷军的采访、讲话已经非常多了，我能不能和除了雷军以外的其他内部创始人、员工，从各种不同的角度剖析小米这个“突变”的案例呢?

非常幸运，我和小米公司一直有密切的联系，小米的几位联合创始人、高管和同事，也都是我的好朋友。我的这个想法，得到了他们很大的支持，在高速成长的繁忙工作中，他们特意安排时间，接受了我的采访，让我能非常全面地解剖式地研究小米这个“变异的物种”。所以，我要非常感谢我所有的访谈对象：

小米科技联合创始人、总裁　林斌

小米科技联合创始人、副总裁　黎万强

小米科技联合创始人、副总裁　刘德

小米科技联合创始人、副总裁　洪锋

小米科技联合创始人、副总裁　黄江吉

小米网售后总监　张剑慧

小米网售后高级经理　孙波

小米网新媒体总监　钟雨飞

小米科技MIUI研发总监　李伟星

小米网客服总监　杨京津

小米之家贵阳店长　曾鸣

同时，也要感谢小米的投资人，晨兴资本的董事总经理刘芹接受我的访问。刘芹是一个历史唯物主义者，他说他的工作就是捕捉历史的大机遇：**历史不是由英雄创造的，反过来，是历史选择了一些人成为了英雄。**这句话从投资人的嘴里说出来，非常好地诠释了“物竞天择，适者生存”的进化论观点。

那么“互联网+”时代的商业环境到底发生了什么样的变化，我们又能从小米这只“达尔文雀”身上学到什么呢？请允许我用本书与大家分享我的研究。

如果说《互联网+战略版：传统企业，互联网在踢门》讲述的是企业外部的变化，那么这本书讲述的就是企业内部的进化。

序 篇

创业方法论之变

研究“互联网+”的“商业新生代”，让我们先从小米这个新物种的诞生开始。

在对小米的几位联合创始人的访谈中，他们对“先看准趋势再决定创业方向”的一致强调，体现了商业剧变的时代背景。在此之前，在创业成功者的经验总结里，“趋势”这个词从未如此频繁地出现。

这也是雷军反复强调的“顺势而为”，以及“站对了风口，猪都能飞起来”。

我把这个问题抛给了小米联合创始人黄江吉。他是我在微软的老同事。我问：“你认为，创办公司之前，有哪三个很关键的事情是想得比较清晰的，从而成就了小米后来的快速发展？”他说：

我们创办公司之前想得已经比较清晰，包括我们要做什么、我们要怎么做、谁适合去做这个事情。

让我们就从“做什么，怎么做，找谁做”三个角度，先讲一讲小米这家公司是怎么开始他们的创业的吧。

做什么：寻找“互联网+”的下一个台风口

2014年，张瑞敏有句格言在企业界流传甚广：“没有成功的企业，只有时代的企业。”

1999年，几次创业失败的马云等到了互联网时代的到来，15年后阿里巴巴上市创全球最大IPO（Initial Public Offerings的简称，首次公开募股）纪录，马云成为中国新首富。2009年，同样一波三折历经磨难的创业者雷军看到了移动互联网时代的来临，决定开发智能手机。小米实现了中国智能手机行业的“互联网+”。5年之后，著名天使投资人徐小平如此评价小米：“人类历史上达到百亿美元销售额、百亿美元估值的发展最快的公司。”

顺势而为方能事业大成，雷军对此感触至深，他也创造了一句名言：“站对了风口，猪都能飞起来。”

小米联合创始人、副总裁刘德认为：

做一家小公司靠打拼，做一家大公司靠运气。所谓“运气”就是你这批人踩到了时代的脉搏上，就像雷总讲的，站在风口上，做出大企业是靠运气。小米赶上了移动互联网的风口，安卓的爆发，非智能手机向智能手机转换带来的换机潮，这是最重要的原因。任何一个大企业，基本上是一个时代造就的。我们回顾一下中国的企业，早年家电的家庭化成就了海尔、美的，后来PC的家庭化成就了联想，小米赶上了移动互联网时代。大一点的公司，基本上都是时代造就的，自己成长非常难，因为它没有土壤，我觉得这是最重要的。

小贴士

马化腾：“智能手机有摄像头、麦克风、传感器和定位功能，已经成了人类器官的延伸，所以，我认为移动互联网才是真正的互联网。它的使用时长、流量会比PC有10倍以上的增长。”

移动互联网浪潮是创办小米的“几个老男人”当时可以想象到

的最大的机会。他们判断：智能手机就像互联网时代或者更早的PC时代的PC一样，它就是人的计算中心。小米做手机时眼睛盯着的不是手机本身，而是移动互联网，雷军在接受福布斯杂志采访时说："我觉得我们做手机，就是在做移动互联网，我们不是在做手机本身。我们做的是里面的东西……但是我们为了把这里面的东西做出来，我们做了个壳——手机。所以我们对手机的理解跟别人是不一样的。"这一策略让小米成为中国最早拿到移动互联网门票的企业之一。

当小米只有两三个人时，晨兴创投合伙人刘芹就已经决定要投资它。在此之前，他曾成功投资了雷军参与的UC优视和欢聚时代（YY）。

为此，我还专门在晨兴上海的办公室采访了刘芹。

雷军对于趋势的敏感，刘芹有深刻印象：

我记得很清楚，第一代苹果手机是雷军送给我的，你可以看得出来他极其地敏感，那不是因为做小米他才敏感，甚至在苹果都没有出来的塞班时代，那时候他还去投乐讯的手机发烧友社区，那可能是2006年的时候——他对这个东西的关注，对于机会的思考，绝对不是说今天我要做小米昨天才想起的。因此无论从他的提炼方法上还是对趋势性的思考上，他都经过了很长期的长考过程。其实这也跟我们做投资的方法一样，我们叫长考、少投、精做、长期，我们投资的一些方法、原则和雷军做小米是有点类似的。

他从他的方法论和长期的对于趋势性机会的思考，认定这是一次台风来了，这是一次技术上的飞越的拐点。我们也是在捕捉这种大机遇，我们做投资的，是历史唯物主义者，历史不是由英雄创造的，反过来，是历史选择了一些人成为了英雄。我觉得雷军敏感地捕捉到历史的大机遇，他为什么2009年不做，2008年不做，而在2010年做呢？我觉得他在等这个历史机遇。

找风口，是小米在大变革时代不变的重点。2014年，小米在加速布局智能家居生态系——下一个台风口。智能家居是“互联网+”对庞大的家居产业的改造升级，是物联网中最美味的一块蛋糕。

小米撬动智能家居生态系的撒手锏还是高性价比。2014年12月9日，小米发布了899元的空气净化器——同等性能的产品，价格大多是四五千元。

2015年3月全国两会期间，作为全国人大代表的雷军提交了《关于加快制定智能家居国家标准的建议》。雷军说，加快制定智能家居行业标准，将激发智能家居的爆发式发展，推动中国经济的快速转型，促进互联网跨界融合，带动我国从“制造大国”向“智造大国”转变。

雷军还表示，智能家居国家标准的出台，将助推我国领跑世界。移动互联网规模是互联网的十倍，物联网规模将会远超移动互联网。物联网将是下一个万亿元规模的产业。

刘德阐述了小米决策层对下一个风口的分析：

> 今天是从非智能手机到智能手机，还有从旧的智能手机到新的智能手机换代的混杂的时期，但很快就要结束，很快就是纯智能手机的迭代。这一切都在两三年、一两年内迅速完成。换机潮过去之后，可能就没有这么大的涨幅了。
>
> 从2010年到现在，或者2014年之后还有三年，移动互联网的风口就差不多了。小米在看下一个十年风口在哪儿。目

前来看，智能硬件设备可能是一个风口了。雷总说移动互联网时代，手机是电脑，我觉得在未来，可能所有的硬件设备都成为电脑，它们都可能被联网起来。未来的10年，有人叫智能家居时代，有人叫硬件智能互联时代，其关键点应该是由三个词组成的：智能、互联、云端。

黄江吉阐述了为什么下一个风口是智能家居：

很多人说智能家居目前好像还没有落地，很多技术都还没有搞定，这可能是真的。但我很难想象当我们已经接受了手机这样的智能设备之后，怎么可以忍受自己家里的那些设备还是跟几十年前它们被发明的时候一样，你的凳子、桌子还是几千年前发明的凳子、桌子，到现在都还没有变。我认为智能化是势不可当的一个方向，关键是还没有一些很优秀的公司想到，怎么通过智能化把桌子变成更好的桌子，把凳子变成更好的凳子，把灯变成更好的灯。你的凳子变得能够完全知道你的需求、你的喜好，能更好地为你服务。我们一眼看过去那么多物理的产品没有智能化，我认为这里面的空间非常大。为什么下一个风口是智能家居？因为智能家居是用户花时间最多的地方，当然智能办公室也很重要，但是在智能家居、智能办公室和智能汽车之间做出选择的话，你要智能化某一个你所处的空间，你肯定会选你的家。所以我认为那是下一个风口，这也是为什么小米非常看好智能家居生态圈的原因。

此外，雷军对大数据库云服务极其在意，2014年底，作为金山董事长，他表示金山未来3～5年将向云业务投入10亿美元——金山软件的钱加起来也就12亿美元，它要执行“All In Cloud”（直译为“一切以云为准”，在此处指的是以大数据云计算为行动依据的一种互联网模式）战略。此前，金山软件和在数据上有爆发式增长的小米共同投资了世纪互联（中国最大的电信中立第三方互联网基础设施服务提供商）。今后小米云对接应用层，金山对接中间层，而世纪互联则主要提供网络基础设施。小米未来会成为顶级的大数据公司，开发很多应用，比如做互联网金融，根据大数据决定是否给每个客户贷款。

雷军判断大数据库云服务是另一个蕴藏大机遇的台风口：

“大家想一下觉得阿里数据很多，但是阿里只有交易数据，交易数据并没有几个字节。我们存储的绝大部分的是非结构化数据，我觉得这个数据是海量的，包括我们做的设备的数据。你比如说，我这个手环（小米手环），时时刻刻它们都联网，可以在网上存储所有的运动数据和睡眠休息的数据，这个在未来，能进行深度的挖掘，对我们帮你进行健康、运动等各方面管理都有巨大的好处。我们还投资了iHealth。iHealth把你的血压等健康数据全部结合在一起。我们是以人索引，以人做index（索引）。我们做这些智能设备是使机器对人的理解会越来越深刻，这个从big data（大数据）里面才能找到有价值的资料。”

凭借拥有的大数据，雷军可布局很多传统产业的“互联网+”——根据国家规划，仅大健康产业的产值到2020年就将达10万亿人民币。

关注趋势演变，根据大势布局，这是小米创业方法论的第一步，也是小米多位联合创始人反复强调的精髓所在。在大环境基本不变的时候，创业者只需要关心怎么做，但这个大环境已经变幻到了“商业新生代”，看清趋势再决定做什么成为创业成败的关键。

汽车被发明以后，马车公司很不服，说汽车有致命的问题：车祸。人们不会冒着生命危险，去购买看似更快，但不安全的交通工具，大家不要担心。然后，就没有然后了。永远不要和趋势作对。

平稳期，大家膜拜执行，务虚成贬义词。但变革期，张小龙说：执行力很重要，但思辨胜于执行；雷军说：不要用战术的勤奋，掩盖战略的懒惰；刘芹说：天道不一定酬勤，选择大于努力；任正非说：过去我们打巷战，提拔务实的人，但今后我们要给务虚土壤。看清楚，想明白，才能务实，否则就如无头苍蝇，瞎忙。**传统企业的企业家需要安静地坐下来，放空自己，认真思考：做什么？这是一切的起点。**

怎么做：走不一样的路才能大成

小米联合创始人、副总裁洪锋认为小米成功的主要原因是：

> 我们走了一条别人没有走过的路，虽然很有风险，但这是你唯一能够大成的机会，你走一条和别人一样的路的话，你永远不可能大成，小成有可能。

设计与众不同的商业模式，是小米创业方法论的第二步。

手机并不是一个新的市场，2008年的时候大家已经觉得这是一个红海，里面已经有诸多巨头，新巨头有苹果，旧巨头包括诺基亚、摩托罗拉等等，大家都觉得这是很难再进去的市场。“恰恰是因为这样，我们要想明白怎样去做。我们看好这个市场，但是这个市场如果用传统的方法做，你肯定是没戏，或者说做得非常累，而且也不会得到任何的结果。”

小米有哪些创新？我访问黎万强时，他说：“小米远看是营销，近看是产品，用放大镜看是商业模式。”

那到底是什么样的商业模式呢？雷军在2014年11月乌镇世界互联网大会上说，其实小米的商业模式，用一句话就讲清楚了：

> 小米是第一家把硬件用接近成本价的方式销售，然后用这来架构一个移动互联网的平台，再在上面做增值服务的公司。

投资人刘芹在一次访谈中对小米的独到方法做出了高度评价：“当时我们敢投资的原因，在于这个团队。它真正强的不是经验，而是提出了创业型公司的系统性的方法论，这样做什么事情都能成。”

在我对刘芹的访谈中，他证实，雷军创业前已经想清楚了手机行业的新玩法：

> 可能大家都没有真正地理解，在做小米之前，雷军做天

使投资的时候，实际上是在提炼一套方法论，这个方法论牵扯创业的方方面面，他是以天使投资的方式来反映他思考的一些结果。大家不觉得奇怪吗，雷军做天使投资的成功率挺高的？我觉得本质上是他对他自己提炼的一些方法论进行了应用，从而得到了不同断面上的反馈。我觉得他自己操刀小米，淋漓尽致地实现了他总结出来的很多方法。

做小米之前我觉得他做了非常非常长时间的提炼和思考。有这个基础，才会有小米这件事情。

从更远的视野来讲，雷军创业，我其实早有预期，我一直在等这件事的发生。雷军那时候从金山CEO的位置上退下来，表面看起来他是在做天使投资，但我很早就意识到，他是在重新反思复盘，他让自己从一线位置上退下来，以投资的工作来承载自己对很多业务的反思。

比如创业，金山是在一个没有VC（风险投资，Venture Capital的简称）的环境里面野蛮成长起来的，而互联网时代的很多公司都有VC这种机制，它们成长的方式方法跟传统的中关村那种野蛮生长的模式是不一样的。所以我觉得雷军可能在思考：为什么这些公司长出来了？金山是怎么做的？别人是怎么做的？每一家公司为什么能成功？在这里面战略思考扮演什么样的角色？执行层面扮演什么样的角色？资本扮演什么样的角色？我觉得他是把事情还原到一个比较宏观的层面上复盘和思考。

我们一起做投资，合投好多项目，更多的碰撞不是说这个项目怎么样，而是说怎么做好一个公司，一个创业公司会碰到哪些问题，在这个过程中我收获挺多。

所以在这个过程中，我很早就意识到他迟早要出来，重新干一个事。

当他给我打电话说想做手机，有这个想法的时候，我其实一点都不吃惊。这是他长期思考之后，提炼总结了很多自己在以前的创业过程中碰到的问题、机遇之后，做的判断，说我想干小米这件事情。当然小米的模式即使在当时的情况下提出来，也还是很疯狂的想法，可是如果你从来没见过雷军，他就猛然跟你聊这个事你可能觉得挺奇怪，但是对我来讲，雷军再创业的基础是我非常了解的，他是什么样的人，他有什么样的想法，他为什么提出这个想法，我很清楚。

所以那天晚上我们俩打完电话挺兴奋的，我从那个过程中能感觉到，对雷军来说，做小米这个事情是经过了深思熟虑的决定。那天晚上他也在问我，怎么看这个事，能不能做、该不该做、怎么做。我当时说，第一，这事太值得干；第二，这事非常大，做成的话是一个巨大的成果；第三，我们在聊可行性的时候，小米后来很多的思路打法，在那时候都有一些基本的触及，都谈到了。

我跟雷军回顾了一下他怎么想起做这个事情，这就牵扯我们怎么看苹果的模式。2010年初大家已经被苹果这个东西给震惊住了，我也在思考，雷军也在思考。

我们那时候一直在看山寨机，山寨机已经在这个产业里面给了我们很多信号，这个产业的成熟度已经到了什么程度，供应链已经到了什么程度。中国已经有很多SP、山寨机、中间件，这些东西已经慢慢有影子了。而苹果是用“端到端”的系统性方法，做得更加有创新性。比如它的iPod，就结合了游戏和音乐产业的内容来做硬件。硬件跟软件，硬件和内容，这些趋势性的东西，这种生态上的打通，是我们一直在关注的。可是在中国我们找不到一个好的切入点。

雷军提出的思路，其实本质上一句话就讲明白了，就是在安卓上面能不能做一个亚生态，重现一套苹果的那套生态打法。我觉得这个思路就给我们长期思考里面的很多困惑提供了曙光和解答线索，雷军他们又是这么优秀的团队，为什么不干呢？所以当晚提到这点的时候，我们就有很强烈的正反馈。

塞班系统当年也在尝试着做内容上的生态，但是做得有问题，包括塞班机器极难用、数据业务不好用等等，但因为他们还是把它当成一部手机在做。而苹果手机当年有很多问题，但是苹果一上来就是把它当作一部电脑来做，我们是做互联网投资的人，很早就在谈未来的手机应该是电脑。

我记得是在2011年的时候，诺基亚当年突然宣布放弃塞班品牌。这是一个巨大的运气，它一下子就把安卓市场盘子放得很大。小米自然而然就是一个受益者。

为什么叫台风来了？就是各方面的情况已经让这个事情的成熟度到了，这是第一。

第二，长期来讲，把这个生态一做，我们就不再是一个硬件公司，其实变成了一个运营平台。事后总结“互联网手机”这个品类，实际上它的意思就是，互联网手机，它不是手机。那天晚上我们有这些共识。

雷军做这个决定的时候还在小范围里找人聊，问大家怎么看这个事情，我觉得他也得到非常积极的反应，去强化他对这个东西的信念，这个事至少找到了几个知音。

小贴士

福布斯中文版：你认为和其他创业者相比，雷军有哪些特点？

刘芹：他是一个很优秀、很成熟的创业者，有很强的反思能力，做小米的思路凝结了他过去二十年在IT互联网行业打拼的反思，一个人有反思能力，说明他有很强的学习能力，够冷静，不会为一些表面的进展和成功所陶醉，不断在反思自己在哪方面做得更好，希望自己不断做得更优秀，不是说好就够了，be great，而非be good，我觉得这是优秀创业者里面很少的人才具备的。

谈到小米当时的规划，MIUI（又称“米柚”，小米公司基于Android手机系统研发的智能手机操作页面，专门针对中国人的使用习惯设计）研发总监李伟星说：

> 我们就是参考了苹果的模式，从一开始就决定，我们要软硬结合，先从软件入手，先优化这方面的体验。别的公司多半是一条腿走路，我们是两条腿走路，让软件先行，后来才找到了专业的硬件（合作伙伴）。

刘芹评价了小米的模式：“纯粹的软的互联网公司很难把握这种机会，比如中国有单项做手机硬件不错的公司，有做APP（应用程序Application的简称）不错的公司，但将硬件、操作系统和应用抓在一起的公司很少。小米公司真正的本质不在于做硬件，而在于做用户价值，用‘软硬兼施’的方式来做用户体验，只要能不断提供一流的用户体验，保持创新力度，能不断给用户领先的用户体验，就能长期拥有这些用户，获得他们支持，就能通过向他们提供丰富应用和服务，这样它的收入来源就能变得很多元。”

小米今天做的事情无非是当年愿景的一个落地实现。李伟星回忆说：

当时的愿景是一个软件一体化的用户生态圈，差不多是今天做出来的事再加上接下来三年要做的事情。MIUI、小米手机都是一开始规划好的。

我来公司之前，雷总跟我们聊天的时候就已经确定要做手机了。当时雷总说，我们做手机，做系统，做系统有18个基础应用，我们一点一点做出来，最后变成一个系统。团队组建好之后，就找了小米司机这个需求，做了一个应用。

拿这个东西来做，是为了让大家练练手，这是个Beta（测试）项目。雷总很有管理经验，他觉得如果直接跟这些招过来的工程师说，做个应用让你们练手去，他们感情上未必能接受，所以他没有直接说这个目的。后来我们回过头才跟大家聊到这个目的，其实就是团队需要一个磨合练手的过程，于是做了这个Beta项目。

除了这个外，小米内部还做了一些没发布的应用。

这些应用没做多久，五月份小米就开始开发MIUI。孙鹏跟刘新语两个工程师开始筹备做MIUI，李伟星是五月中加入，那时候就三个工程师。

开始做MIUI时，整个小米公司不到20人，绝大部分都是技术背景出身。李伟星评价说，这些人“可能都很优秀，但我们也不敢说是最优秀，但是我们敢说我们是最有热情做这个事情的。之所以最终MIUI获得大家这么多赞誉，更多的原因是整个团队和这里面的人，做这个事情本身充满了热情，还有就是我们的整个模式更能发挥这些人的热情。”

回顾小米的创业史，刘德给广大创业者提了两个建议：

第一，你去做任何一个领域，创新企业也好，传统企业也好，先得想透你所处的领域的局面，把未来想清楚，可能未来路径想不清，但是方向要想清楚。例如智能互联的时代，路径是什么我们不知道，但是大方向要想清楚。

第二，从战术上看，反而不要看得太远，小步快跑，迅速调整自己，当你尝试每一个点，得到正反馈就继续，不对就马上改，这其实挺有趣的。

这在互联网时代才变得越来越可行，你能通过互联网通道，快速得到用户的正反馈。这是为什么互联网企业的反馈速度、应对速度比传统企业快，因为一个产品好不好，小米今天中午发，到晚上就铺天盖地全国都在评了，所以马上就能有修正了。但是传统的产品，开发以后进入渠道，进入用户手里，可能能不能反馈回来信息都不知道，假设反馈回来了，半年可能都过去了，互联网提供了这么一个可能性，提供企业迅速得到反馈的可能性的通道。就看你怎么应对收到的反馈信息。如果你每次都应对自如的话，良性循环就会比较好。

找谁做：要质量不要数量

李伟星对MIUI成功之道的分析涉及了人的问题——再好的规划也要靠人来落地实现。

关于用人之道，乔布斯有句名言："我过去常常认为一位出色的人才能顶两名平庸的员工，现在我认为能顶50名。我大约把四分之一的时间用于招募人才。"

马化腾认为："在传统行业会有资金密集型扭转的机会，但移动互联网基本不太可能，因为这个市场不是拼钱，也不是拼买流量，更多是拼团队。创业成功还是失败，最关键的要看团队的精神，以及创新的能力。"

当年马云是带着一帮“菜鸟”打天下，创业的那一天，他和18罗汉说，你们只能做排长、连长，军长我另请高人。雷军虽然说“猪也能飞起来”，但他用人时恰好相反，精心挑选精兵强将，早期成员大多出自金山、微软，还有谷歌的精英加盟。

雷军认为：“你雇最优秀的，一个人可能顶50个人，所以成本就低了。可能看起来那个人的package（薪水）很高，但是他一个人真的能干10个人30个人50个人的活，他就不高了，所以我们这里对人的要求很高，强度很高。”

黄江吉从业务难度的角度分析了雷军的用人逻辑：

> 当你想明白做什么事情以及怎么做之后，你自然就会知道应该找什么样的人去做。我们刚创业的时候7个人，后来加上王川8个人，我们在各个核心环节里面都尽量找一些最合适的人去做。有做传统软件的，有做硬件的，有做互联网的，有以上三种都做过的，有做工业设计的（刘德），洪锋是做产品的，我是做工程的，光平是做硬件的，雷总还有王川都是连环创业者，王川已经连环创业几次了。我们认为做一个复杂的事情需要具备各个领域的经验，我们的年龄都不小，当时我们创业团队的平均年龄是43岁。我们意识到做这个事情有多困难，我们对它有敬畏之心。我们真的不是好像想明白了怎么做就杀进去，就像二十来岁小伙子创业的做

法。恰恰是因为我们的人生经历都已经不少了，都比较老了，才知道各个环节里面的困难，其实是深不可测的。

要找最优秀的人合伙创业，这是小米创业方法论的第三步。

刘芹在2014年晨兴CEO峰会上的主题演讲中对此有过深入解读：

“你是不是尽可能找到你所能找到的最优秀的人。你要能说服一些优秀的人加入你的团队，首先要求你的战略方向，你的Vision（愿景）能打动他。我相信王川加入小米，朱顺炎加入UC，最终是被公司的Vision所打动。找人不要给自己借口说我人脉不够，我不是雷军这样的优秀创业者，其实找人这个困难程度搁在每个创业者身上真的是一样的。只是可能有的人Vision更大，更能笼络更野心勃勃的人加入。我想呼吁一下，找人其实和你的战略思考深度关联，它跟你是不是认同别人的价值深度关联。

“我非常欣赏今天的互联网是精益创业（Lean Startup）。什么叫精益创业，我觉得有几个特征：你找的人都是自驱动的人，最好的管理是不用管理，因为他比你还打了鸡血要让这件事情成功。小公司找团队不要找需要被管理的人，要找有自驱动力的人，他被你的Vision感化，他自愿加入。人数越少越好，我不知道要多少，有的可能10个人就够了，有的30个人，有的可能更多。如果你自信你找来的个个都是特种兵，其实不需要太多人。我比较反对创业公司找一帮需要花时间培养、培训的人。

“我觉得今天和5年前创业不一样的地方在哪里？5年前创业这件事情大家都没有那种冲动，今天创业已经是个显学。你去问很多年轻人，最好的工作在上世纪90年代是加入跨国公司，今天最好的工作是创业。我觉得这是有机会给大家延揽到一流的人才一起干一些事情。在今天的创业环境里，还有必要去招没有经验的大学生，一点一点培训吗？如果有选择，是不是找有经验效率高足够快的人？

“在这件事上，我和有些创业者是有不同意见的。我的不同意见不是对于培养人的反对，不是这个意思。我是说对于小公司现在去从头培养是不是太奢侈，是不是应该把精力放到去找足够优秀的人？当每个人都很优秀，你就不需要很多人。人一多，效率就低，事就复杂，人少容易突破。”

想明白创业要用能人是第一步，接下来的关键是，雷军用什么样的方法打动精英人才加盟，让他们从大公司离开，加入一家刚刚成立的小公司？

来自谷歌的洪锋讲述了自己加盟小米的原因：

其实就是感觉对了，这个事是不可能说清楚的。这家公司今后到底会怎么样，谁都说不清楚。我非常敬重和认可雷总。其实之前我和他并不认识，是通过别人的介绍，我在跟他沟通之后，觉得很好，他当时跟我谈的很多是产品设计的细节，我们为什么要做这个，为什么要做那个。另外一方面，他在业界口碑非常好，非常勤奋、努力，在投资眼光方面、在做事业方面都是口碑非常好的一个前辈。所以我觉得很难说是因为具体某个原因，就好比，哎，有这么多姑娘你为什么娶了你太太？对吧？

并不是所有人都像洪锋这样“容易”被说服。

刘芹回忆，雷军碰到最大的难处是组建硬件团队，他寻找硬件团队的过程十分痛苦：

我记得有一次他给我打电话，他说搞不定，他找了一个人，跟那个人谈很久，每天谈10～12个小时，连续谈一个星期，不光他谈，很多人都帮他谈，还是谈不下来。

就算有时候想招互联网和软件圈子里面的人，聊到最后人家也会质疑小米这个模式，你这种硬件定价水平的风险很高，软件短期之内又看不到收益，怎么办？雷军那时候急了，他就说：“你做过公司没有？你没做过，我做过，我知道怎么赚钱，现在我敢把我赚的钱砸进去做小米。”说到最后变得很苍白，用投钱证明自己。

你可以看得出来，作为一个创业者，当你的愿景不被市场理解，你要说服别人，困难程度是极高的。

不管怎么样，小米的模式，不做出来是没有说服力的。因此在找人的事上，他跟普通创业者一样，也历经了非常多的磨难，但比较幸运的是，其实这是工作量的问题，总会有少部分人被你打动。你没有捷径，你必须得多谈，你只有多谈才能在少部分被你打动的人里面找到最优秀和最厉害的人加入。所以我老是讲小米不是一个四年的公司，对于雷军来讲，准备小米已经准备了二十多年，他这么多年的积累和人脉都用上了。

雷军谈的硬件人才最后没来，但他也很幸运，后面又碰到了周光平博士。雷军招人的经历证明你早期能吸引到的还是一群有理想、愿意被你的精神所打动的人，周博士就是那种人，他的痛苦是，“为什么我们不能做出一款世界一流的手机呢？”——没有人给他这种机会。小米尽管当时看着不靠谱，却是真的提出这个想法，要用这种方式干事情的。作为一个搞硬件的人，周博士甚至都不关心你的公司有没有挣钱，如果小米以这么便宜的价钱卖手机，有机会让他做的手机让那么多人用到，他觉得那种成就感比其他东西更重要。事实证明，对一个早期公司，你能吸引到的都是这样的人。

可以看出来，创业是一群理想主义者在干让人看起来很疯狂的事情，他们眼里的那些普通人看到的风险，对他们来说都不是风险，而大家所提出来的疯狂的想法，创造了一种稀缺性的平台，让他们去展现和实现他们的梦想。

雷军最终如愿找到了一批优秀的加盟者，洪锋认为：

各个关键岗位上的人都很靠谱，是小米成功的一个重要原因。每个人的特性是不一样的，你可以外向，可以内向，可以激动，可以平静，但是不是靠谱是一致的，你是不是合作，是不是真诚？有没有只说好的不说坏的？这是最基本的东西。

找到了一群优秀的人，还必须把这群人真正整合成一个团队，刘芹回顾了他与雷军在这方面的沟通：

有次开完融资会后，我对雷军、林斌他们说，我可能只关心一点，今天大家创业，能不能回到一个创业公司真实的状态，大家还有没有能力一天工作12个小时，因为你们的团队成员有google，有金山，又有微软，有各种各样的背景，大家能不能建立一个真正的小米文化，忘掉你们是有成就的人、很厉害的人，可能不能豪华地创业，你得想清楚，你得在创业上有清醒的认识。如果这件事你能确认，我的投资绝对一点问题都没有。如果你们是那种大公司心态、豪华创业，觉得我们都是一帮牛人，我觉得这个公司风险很大。

这个会开完，雷军当时单独把我拉到旁边，跟我说：“你今天这个话题很重要，未来这段时间，你没事来跟我们聊聊这个话题。”我跟雷军在这上面有一个共识，雷军把大家找来，不是找到这些人就行了，要把这个团队真正地建立起来有一个磨合的过程，最终要建立的是一个“小米文化”。在这个过程中他做到了，他组队很有经验，第一他尽可能找到最牛的人，而且他求贤若渴，觉得一个还不够，还要再找一个。这体现出他是一个有领导力的人，知道这件事情要做成不是他一个人厉害就行的，他要找到很多优秀的人，这个团队的文化和氛围是把优秀的人全部聚起来。

那时候他还跟我讨论过每个人最好都能参与进来，人人都在公司里面参与，发期权我觉得也是非常慷慨的，小米初期是全员持股，这就变成大家共同的梦想。事实也证明，如果你没有这个愿景，你把它当成一份工作，又要谈高工资，又要什么的，这不是一个创业的心态。所以我觉得雷军在人的问题上有足够的重视，有足够的成熟心态，我们跟他在这个事上也有高度的共识。

雷军2014年在北大演讲时曾讲述自己“多干活，少拿钱”的领导之道：

“这个问题我在大学的时候就琢磨清楚了，我觉得跟人合作挺容易的。第一合作的过程中，你愿不愿意多干活，有功劳、有钱拿的时候，能不能少拿一点就好了。

“多干活、少拿钱，谁都愿意跟你合作。总结一句，所有人都喜欢容易，如果你愿意吃亏，所有人都会喜欢你。如果你要当好队长，你就是要愿意吃亏，多干点活，有了荣誉的时候往后站，其实这个是相对容易的。为什么要这样做呢？我说每个人，包括我在内，每个人都会自觉或者不自觉地夸大自己的能力，都会自觉或者不自觉地夸大自己的贡献，所以我们需要用放大镜看我们周围同事的工作和贡献，用放大镜，因为这样才是公平的。因为你的自己已经放大了，你的自我已经放大了，你怎么看待跟你一起的小伙伴呢？

“你拿放大镜去看他们的优点，你就平衡了，你就觉得可能不是你少拿了，他们就应该奋斗得多，他的合作关系就好。因为我自己上大学的时候跟一些小伙伴一起创业的过程中琢磨出来的，我觉得如果你这么想，你的领导力就不是问题。”

小米创业团队有个很大的特点，平均年龄是43岁，这在年轻人称雄的互联网世界里极其罕见（著名投资基金IDG专门成立了一亿美元的90后基金），那为什么偏偏是这群老男人在移动互联网时代引领了潮流？

黄江吉认为：

90后创业者有一个先天优势，就是他们做的产品是针对自己这个时代的人，他们做的很多产品是偏年轻化的，上了年纪的人不一定一眼就能看明白，或者有时候觉得莫名其妙，所以90后天然就有这个优势。不同的创业的项目有不同的难度，在单点突破的时候，不是每个创业公司都需要小米那么重的启动。

我们做的东西牵扯到的环节真的太多了，所以我们才需要那么多有经验的人。手机切入点是很重的切入点，整个产品相对的复杂度非常高。

我举个例子，有些人骂我们，说我们搞饥饿营销，但是任何公司尝试生产6000万部手机，都是非常复杂的，这6000万部手机里面每个都有那么多的元器件，你怎么样确保每个供应链的伙伴都可以把他们的产能提高，里面缺了一个螺丝都组装不成手机，就算你CPU都全了，里面缺了哪怕一个小小的零件都组装不成，所以这个供应链本身已经复杂无比。

如果90后做的那些创业项目都是相对比较轻的切入点的话，我觉得产品的判断能力，还有冲劲、学习能力，会优势多过劣势。不可否认他们的经验肯定是他们的劣势，但是要看在具体项目上，是不是优势比劣势多？成功的条件足不足够？他们如果做很复杂的项目的话，失败的比率很高，这并不是他们理想的创业方向。如果他们做一些轻切入、不需要社会资源整合的工作，我认为他们的爆发力可能足够。

再补充一下，小米怎样也能吸收到90后的那种优势？我们尽量吸引年轻人加入，而且是很有产品感觉的一些年轻人。虽然我们几个人比较老，我们公司第一拨创业的人年纪比较大一些，但是我们对校园招聘有非常大的力度；面试的时候，有一两年工作经验或者半年、一年工作经验的优秀人才，我们都会非常尊重。

洪锋则从投入产出的角度对小米创业团队的“高龄化”做了分析：

首先手机这个生意也不那么好做，对吧？大部分年轻人说不定也不愿意做，有句话叫“操着卖白粉的心，赚着卖白菜的钱”，我觉得挺适合手机产业的。

做手机风险无比地大，另外说实话，也挺难赚钱的。我们来看另外一个我觉得也挺苦的行业，比如说半导体，每开发一次产品，厂家都是几十亿地投入，可能用了两年就变了。说实话，我觉得手机这个行业就像种地一样，你说别玩儿了，种地来赚钱吧，我觉得可能没有几个年轻人会回来种地。

很多人都想做四两拨千斤的事，我们是千斤拨千斤。我们就是老老实实做了一些辛苦的活儿。MIUI操作系统是个辛苦活儿，干了四年，每周更新一次产品。手机这个业务也难做，哪怕是苹果公司，只要有一代手机做得不靠谱，后果是很严重的。但假设谷歌有一段时间搜索质量不是那么好，没问题的，调调就过来了，对吧？所以硬件是很辛苦的，苦活儿、累活儿。

有人问，现在其他手机厂商慢慢意识到，软件所带来的体验的重要性，小米要怎样对他们保持领先优势呢？答案是好好学习、天天向上。他们也愿意干这个苦活儿累活儿，我们就干得更加辛苦，到最后他们觉得太苦了，小米还愿意干就让小米干吧。

刘德则从心态上分析了"高龄"创业的优势：

小米是一个软件、硬件、电子商务、互联网都有的公司，硬件方面对经验的要求高一些。你很难说走出校园就能干好硬件，其实走出校园就能写好一个小软件。这是一场大仗，已经有过相对成功经验的人，在打这场大仗的时候，心态会更好一些。越是打大的仗，心态越好，俩人打架你要集中精力，真正的大仗，反而是闲庭信步了。

这个问题蛮重要的，因为很多的转型的传统企业岁数都不年轻了，看到互联网界都是小年轻，心里也有压力。再看到小米，创始人也是四十多岁，也觉得有机会，不都是小年轻的未来。所以，我们分析主要的原因是大仗更需要经验丰富、资源丰富的人，硬件创新有特殊性，更加需要经验。

小贴士

刘芹：我们投资有过非常多的失败。我们今天总结了很多观点、方法论，其实都是从失败里面来的。比如，要做大事，尽可能不做小事，小的事情你挺难长期发展;团队为什么人这么重要，因为只有人才真正解决问题，不能光看方向好，你就激动了。

关于“创业三部曲”，黄江吉总结道：

我认为小米的成功是因为这三点铺垫得非常充分，之后就是怎样把它执行起来。在执行过程中我们都是快速迭代，而且是快速反应，什么时候开始做电商等决定当然是一步步顺势而为，我们顺势而为开始做小米之后，每个大小事件我们都希望顺势而为。

看来我们对风口的判断没有错，我们对互联网的这个模式的威力判断没有错。看来我们找的人还挺靠谱的，包括第一批加入小米的创业同事，到后来越来越多的志同道合的一些兄弟加入，我们对人才的高度重视从第一天就有。我是感觉这几个核心点（的判断）都得到了回报。

关于创业团队的问题，我有非常深刻的切身感受。

2015年3月，陶然从微软加拿大回国，我们一起吃饭。他说他在加拿大最大的收获之一，就是高尔夫越打越好了。我们聊到过去。我是十年前把他招进微软的。他在大学时就非常优秀，参加微软创新大赛，获得全球大奖，并和微软创始人、全球首富Bill Gates共进晚餐。我当时想尽办法把他招进微软。他的团队的其他成员就创业，成了一家公司，就是在纳斯达克上市鼎鼎大名的途牛网。我再次见到陶然，突然有种怅然感。同一个机会，不同的选择，截然不同的结果：在加拿大安静地提高球技，或是在中国成为商业领袖。

找够钱：风投是钱袋子，也是最佳智囊

走完了创业三部曲，就要进入打仗阶段了，“打仗打的就是钱”这句话说明了创业过程中资金的重要性。

雷军描绘的愿景不仅打动了他看中的人才，也打动了晨兴资本等投资机构。觉得这个事情靠谱的投资者给了小米“花不完的钱”，使得小米有底气按照规划稳扎稳打做事。

雷军曾在演讲中提及融资的重要性：

“我认真琢磨阿里巴巴十多年创业的历史，我从中学到了三点：

“第一点，要有一个巨大的市场。任何一个大公司的成功，它的创业背景一定是巨大的市场，如果没有一个巨大的市场需求，想把

公司做成是不可能的。

“第二点，要找一个超级靠谱的人。

“第三点，相对同行而言，要有一笔永远也花不完的钱。这是我总结阿里成功的很重要的三个因素。可能大家会说，‘为什么要有永远花不完的钱？’钱对你看到的东西和你有勇气去做的事情有非常大的帮助，让你有胆量去试一些东西。”

关于雷军说融到了花不完的钱，刘芹从几个角度做出了解读，对于广大创业者颇有启发价值：

> 其实这是一个误解，对于每个创业公司而言，钱永远是紧缺的，关于雷军这句话，我是这样理解的：作为一个好的投资者也好，或者作为一个好的创业者也好，你怎么把长期的战略和短期的风险做一个非常好的平衡？作为公司的股东也好，创业者也好，你得有一个对公司长期价值的认同，所以你能摆脱短期风险给你的压力，做正确的事情。比如阿里，当年孙正义是有这个远见的，在当时的情况下投很大一笔钱给阿里巴巴。我觉得这个场景还原到雷军身上，他为什么提这个话？是因为金山可能从来没融到过钱，公司在没有资源的情况下，没有办法拿出Vision，拿出一个相对中长期考量的当期的战略规划，被生存的焦虑感绑架了。我觉得雷军讲的是这个意思。

为什么雷军思考资本能做什么？好的资本真的能够跟优秀企业家有野心的Vision去结合，在正确的时机敢于做少数人不敢做的决定，让企业家能够抓住那个大机遇。但是不能被误会说，我就应该有很多钱才能做一件事，或者说融资就是应该很多钱。其实我们给小米的第一笔投资，从做手机来讲，这个钱的金额是根本不够的。他也是每个阶段性在分解这个风险，你看雷军一上来没有先做手机，而是先做MIUI，他有长期的Vision所带来的那种使命感，又能够在当下风险可控的情况下做一个阶段性目标的延展，公司的每一阶段都能达到他们的目标。

为什么我能够连续三把领投，领投就意味着你愿意定价，你愿意做投资条款的确立，我觉得小米这个公司对于长期的野心勃勃的愿景，和当下每一步风险的分解，做得非常非常成熟和到位，这是一个平衡。

VC真正的价值是能够帮助创业公司摆脱当下生存的一些恐惧和焦虑感，能够用资金去推动一些有Vision的人实现一个巨大的梦想，这是第一个价值，这也是雷军为什么做天使投资，其实也就是认识到资本在这样一种创新环境下的价值。第二，风险投资和创业公司的成长之间的关系是什么？你要有能力把一个巨大的风险分解到阶段性的合理目标，能够让大家看到你是一步一步地向那么大的愿景迈进，这个团队的执行能力，对风险的管理能力，阶段性地解除风险的能力，这样第二轮才会有信心给你这个估值。这个过程当然是不容易的，你要知道，每次风险投资给你的钱都是远远超出你当时的价值的，他是透支了当时的风险价值，他看的是下一阶段。

其实我们投的那点钱，雷军完全自己可以投，为什么要引入风险投资机构？我觉得他是进入了一个生态，他是要受到资本市场的压力，就像一个普通创业者一样，他也需要融资，需要市场对他有客观的反馈，我们在某种程度上扮演了这种角色。我们每一轮投资都看到小米有很强的执行能力，而且我们对小米的打法有充分的信心，不是所有人都看得到，但是慢慢这个公司的路径会越来越清晰。

刘芹对雷军融资时的心态留下了深刻印象：

我能感觉到雷军对创业有相当的敬畏感，他蛮认真地在听取别人的意见，比如找我聊，听取我对这个事情的看法，同时他也不断地提出他对这个事情的看法。我觉得在这个沟通过程中，一个是寻找共识；第二，他跟我的关系不是推销融资的心态，而是相互在聆听有什么样的风险，会有什么样的问题。

我能感觉到这是一个成熟的创业者，不仅仅是在经验、行业判断的高度，还在一个层面上，作为一个创业者，他有非常平和的心态，这都是非常难得的状态。像这种成功企业家再创业很容易高姿态。我们谈后面融资的时候，双方几乎没有谈判。因为雷军在这个事上有这么成熟平和的心态，我们也没有在这个事上去谈判，基本上就是你提一个想法，我觉得合理就同意，没有做太多的修改。

延伸阅读

刘润：风险投资，那个“赌徒背后的赌徒”

（本文首发于“腾讯大家”）

很多人有这样的感觉，互联网时代，好像天上天天都在掉馅饼。今天我请大家坐出租车，明天你请大家吃霸王餐，后天他直接掏现金给大家发春节红包。我最近，就被馅饼砸过好几次。

2015年春节前，新浪微博发了条私信给我，说他们往我账户里打了些钱，请我用这些钱给我微博里最热情的粉丝们发红包。我将信将疑地打开链接，没想到新浪微博连把红包发给谁都帮我挑选好了，我按了一下“发送”键，现金，就这么以我的名义发出去了。

有一次，我通过一个叫“爱大厨”的APP叫了个厨师来我家做饭。厨师给我们做了四菜一汤，共花了近俩小时的时间，只收了9块钱。原价是69，但因为我是第一次消费，爱大厨减免了50块；因为我选择微信支付，腾讯又减免了10块，所以一共只收了9块，便宜到内疚。

还有一次，我用“途虎网”的5分钱洗车券去洗车，平时这个店洗次车要30元。这种券，每月都可领一张。我和老板聊天，他还热情地推荐：“你再装个‘TT快车’，一次只要1块钱，每星期可以洗1次；还有‘养车点点’，第一次1块钱，以后抽红包，轮流用。”这样，每个月洗五六次车都几乎不花钱。

“免费”，甚至“倒贴”，已经成了互联网的一种商业模式。这让一直靠自由资金滚动发展起来的传统企业非常不解和头疼：这么疯狂的烧钱，万一没赚回来怎么办？

有可能赚不回来吗？当然可能。互联网平台的成功，除了战略、组织、执行这些能力很重要外，不可否认，还有相当大的运气成分。这就涉及一个给“运气”估价的问题，或者叫：风险定价。

靠买卖这些可预测风险，包括战略（商业模式）、组织（团队）、执行力，和不可预测风险，包括运气做生意的机构，叫作“风险投资”，他们称自己为：企业家背后的企业家。

今天，对于绝大多数创业公司来说，支撑他们“免费”，甚至“倒贴”的那些巨资，都是从风险投资机构的腰包里掏出来的。今天饿了么拿到3.5亿美金的投资，明天美团拿到7亿美元的投资，后天大众点评拿到8亿美金的投资。不论是百度、阿里、腾讯，还是小米、京东、360，这些叱咤风云的互联网界的企业家背后，都有一些低调睿智的风险投资界的企业家，比如孙正义之于马云，刘芹之于雷军。

他们为什么愿意掏这么多钱给别人去花呢？因为，这些“企业家背后的企业家”，其实也是“赌徒背后的赌徒”。互联网平台带来的令人咋舌的财富价值，就是一个大赌场。

互联网最大的优势，是效率的优势。互联网平台，可以用极低（接近于零）的成本优势，网聚传统企业无法想象的庞大用户，突破引爆点，达成平台化的赢家通吃。可是如果失败了，前期的投入，将可能颗粒无收。互联网平台可以带来的财富是史无前例地高，但是成功概率也是史无前例地低。一个腾讯成功，可能背后死掉了一万个各种讯。所以，互联网平台创业者，从某种意义上说，是“赌徒”，而投资人，开句玩笑，就是“赌徒背后的赌徒”。

这些赌徒背后的赌徒，风险投资机构，其实是最厌恶风险的。他们通过大数量的投资，均摊不可测的运气，把低概率的高收益事件，平均为高概率的低收益事件。然后再用对未来商业的方向性、成功团队的特征性的认识，形成他们认为最合理的下注逻辑，努力把平均低收益，提升为平均中等收益。把创业公司当产品，把未来收益当赌注，他们最重要的能力，是通过眼光和投资策略，对风险，以及运气定价的能力。

有了这套“赌徒逻辑”后，风险投资就把整个互联网平台未来可能赚的钱的一部分，兑现到今天，包装成风险收益级别不同的“创业保险”产品，叫作天使、A轮、B轮、C轮等等，卖给创业者。价格是如果成功后分享你的财富，收益是不幸失败后承担你的损失。你会发现，买过“创业保险”的人，有明显的心理从容和速度优势。即便是雷军，有足够的个人财富，但在创业做小米的时候，也同样去找刘芹买保险。

“创业保险”，是工业化的创业时代，最重要的工具之一，也是很多一直靠自有资金滚动发展的传统企业不熟悉，所以不敢碰的一块。

所以，我给很多传统企业做转型战略顾问时都会建议，尽量找专业的风险投资机构进来，参与转型。这也是为什么，我和一些投资机构合作成立了专门的“互联网转型”基金，帮助传统企业转型，用稀释掉的股份，买份“转型保险”。这份保险，在时间上用未来的利润错配成今天的投入，在空间上用成功者的财富对冲失败者的损失。

明初心："真爱"式创业，契合时代趋势

"做什么、怎么做、找谁做、找够钱"都是从"事"的角度讲创业，我们还需要从"心"的角度对商业新生代的创业方法论变化进行解读。

雷军在北大演讲时有听众问："您当年在最失败、最痛苦的时候，是什么力量让你继续坚持前进呢？除了18岁时的梦想之外，还有其他的吗？"

雷军是这样回答的："我们的读者比较喜欢看成功的故事，其实过去我讲遭遇挫折，怎么度过挫折，我讲得非常地多。因为我在整个互联网圈算是年轻一代的老革命，我创业的年头比他们长很多很

多，过去遇到过非常多的挫折坎坷，我觉得帮你度过挫折和坎坷，第一肯定是梦想和信念，因为你有这个东西，才是你真正内心无敌的东西。

“因为你渴望去成功，你渴望做成这件事情，它比什么都重要。如果你说除了这个以外，还有什么东西重要，我觉得还有热爱，你喜欢这件事情，你爱这件事情，你把这件事情变成爱好，你做这件事情就不会觉得累，也不会有牢骚，遇到困难就很容易去解决。

“比如说我做手机，就是因为我是个手机的发烧友，我喜欢这个，我每天都琢磨，我不觉得累，我也不觉得这是工作，它就是我的爱好。所以如果大家未来要创业会选择工作，我觉得引导方向最最重要的是你喜欢，一定要选喜欢的事情。选你喜欢的事情，钱多钱少不在乎，累不累不在乎，我觉得这样更容易成功。所以无论你今天念什么专业，未来你找什么工作，甚至你去创业，我建议找你喜欢的事情。”

不仅雷军建议创业要选热爱的事，热爱甚至还成了小米的价值观。2014年，小米总结了创业四年所沉淀下来的文化，洪锋说：

> 听上去很像婚介所的价值观，我们的价值观叫真爱——真诚和热爱。

“真爱”不仅有助于创业者克服各种困难走下去，“真爱”还会让创业者喜欢和用户交朋友，做出好产品，提供好服务，从而提供最佳的用户体验。“真爱”带来的这些行为恰恰符合了商业新生代所必备的用户主权价值观。我们将在本书中篇的章节中看到小米在营销模式、管理流程、资源投入等方面处处渗透着“真爱”意识。

雷军在2014年7月向全体员工发布公开信，表示源于“真爱”的创业初心是小米真正的壁垒和永续的动力。

为梦想和使命而战

小米的小伙伴们：

昨天，我们发布了小米手机4，这是一个里程碑式的产品，不仅性能好，而且在工艺、手感上成功地超越了自己。小米4的工艺和手感，超乎想象！

谁也没有想到，当初中关村的一家小公司，发布手机后，只用了不到三年时间，杀进了中国手机品牌顶尖行列。这就是小米创造的奇迹！仅今年上半年，我们售出了2611万部手机，营收达330亿元。这些充分显示了我们的实力和模式的先进性。

下一步如何走？不少同事有些困惑。比如同行都在学小米，我们还有优势吗？又比如，公司大了，队伍不好带，我们如何保持创业精神？要回答这些问题，一定要深入总结过去四年的创业经验。

我们在成立之初，就提出了“软件，硬件和互联网”的铁人三项模式，坚持三个领域同时做，强调软硬件和互联网结合的体验。我们在这三方面保持继续巨额的投入，已具备一定的领先优势。现在不少人号称学小米，但大多还只是在模仿某一方面。我们靠硬件搭平台、靠互联网增值服务获取利润的商业模式到目前为止还是独树一帜，我们积累的互联网开发模式的经验和用户参与生态也非同行一朝一夕所能追赶。

但是，没有不可复制的模式，小米真正的壁垒在哪里？

一、梦想和使命

我们需要回顾一下过去：小米是一家什么样的公司，当初我们又是为了什么而出发？

我们立志用极客（Geek，原意为性格古怪孤僻的人，现在指的是网络技术高超具有互联网精神的人）精神做极致的产品。因为极客精神，我们才会对这个世界充满好奇心与爱，我们才会不断追求极致，才能保证做出用户喜欢的产品。也因为极客精神，我们聚集了一大群才华横溢的工程师和设计师。

我们希望用互联网思维干掉行业的中间环节，干掉一切不合理的暴利。无论是成本定价的策略还是电商直销的渠道特点，小米一直为提升行业效率、降低用户的购买成本而努力。

甚至，我们期待让全球每个人都能享用来自中国的优质科技产品。让中国的科技创新赢得全球的赞誉，这是中国制造业、软件业、互联网业几十年不断追寻的使命，现在已经落在我们肩上。

我们的愿景就是“让每个人都能享受科技的乐趣”。把科技带来的乐趣与幸福感分享给更多的人，做快乐的传递者，这是我们每个小米人的光荣与梦想。

二、真诚与热爱

我们每个人都知道，小米是一家很“变态”的公司。为了代码质量好一点点、为了用户体验好一点点、为了产品品质好一点点，我们每个人都不惜加班加点，一天工作十几个小时，甚至通宵达旦。

为什么要那么拼？还能拼得如此快乐呢？因为热爱！

因为我们每个人内心都喜欢这件事情，我们希望做出能让自己满意的产品！只有自己满意，才能让“米粉”满意，才有机会让同行真心认可！因为热爱，我们每天都在跟自己较劲，一遍一遍打磨每个细节。小米的竞争力来自于热爱！

研发环节我们强调“极致的产品态度”，制造环节我们强调“真材实料”，服务环节我们强调“和用户交朋友”，定价我们追求“硬件成本价”，这些都是小米过去成功的关键。其实，就是保持真诚的态度！

所以，小米真正的壁垒和永续的动力是真诚和热爱。真诚，不欺人也不自欺。热爱，全心投入并享受这些。真诚与热爱，我们简称“真爱”。

从平庸到优秀大体可以靠天赋与勤奋，而从优秀走向卓越，“真爱”才是关键的一步。如果没有“真爱”，我们撑不过未来的漫漫征途，忍不了创业路上的寂寞。“真爱”是面镜子，能照见自己真实的内心。四年前，一锅小米粥，喝完就开始“小米加步枪闹革命”，充满革命浪漫主义情怀。当初创立小米，就是因为我狂热地喜欢手机数码产品，我想做出能给大家带来快乐体验的手机，我想做一家员工和用户都真心热爱的企业！

就是因为这些，8个老男人，才会重新出发，一块儿创业。有真爱，无所畏，一路上遭遇的质疑和险阻只会是我们日后回望时的勋章。

真爱无敌！

三、为梦想和使命而战

过去的成绩归功于每个小米人，大家共同努力，才造就了小米的今天！也归功于小米家属，谢谢大家的理解和支持，才有小米的辉煌！

但无论多么耀眼的成绩单，都已经过去了，一切都需要重新开始。

我们将全力为理想与使命而战，我们的梦想在全球，我们的征途是星辰大海。小米，不是某一个人的小情怀，而是一群人的光荣与梦想，一个时代的机遇和使命。

昨天，我们已经亮出了自己的旗帜，我们要把旗帜插到高高的高岗，让世界看到我们的旗帜在迎风飘扬！

感谢这个伟大的时代，给了我们施展才华和实现梦想的机会！和大家一起并肩作战，共同经历这个伟大时代，真好！

雷军

2014-7-23

上　篇

感知正在生成的未来

小米这个新物种是在新商业环境中诞生且迅猛发展的，接下来我们分析一下这个让很多企业很不适应的新商业环境的本质，感知“互联网+”，商业新生代，感知正在生成的未来。

达尔文描述了一个“物竞天择，适者生存”的自然进化逻辑。环境的不同，诱发或者说“选择”了不同的生物。商业也一样，商业环境面临剧变，这个剧变就是来势凶猛的互联网革命，智能手机的普及让最迟钝的人也感觉到了“情况正在起变化”，我把这个新时代称之为“商业新生代”。很多工业时代的经营管理经典都在“商业新生代”里坍塌。

哈佛商学院战略学教授迈克尔·波特（Michael Porter）提出的“五力分析模型”，估计是所有企业管理者最耳熟能详的战略分析工具之一，被很多人当作是在残酷的商业竞争中获胜的法宝，最重要的思维工具之一。

可是迈克尔·波特（Michael Porter）于1983年参与创办的管理顾问公司Monitor Group（摩力特集团），在经历近三十年的暴起及衰落之后，于2012年11月7日向法院申请破产保护，之后由纽约德勤管理顾问公司收购。

这不由又让很多“五力分析模型”的忠实信徒崩溃：“为什么这家公司的高薪顾问们没有利用波特的‘五力分析模型’来进行自我救赎呢？”

很多商学院都有营销管理课程。在营销管理课程上，宝洁的品牌管理几乎是最经典的案例。你去超市买洗发水的时候，你就挑吧，沙宣？飘柔？海飞丝？伊卡璐？潘婷？不管你挑了哪一个牌子，最后都是宝洁的。这是著名的宝洁的“多品牌战略”。

可是，2014年8月1日，雷富礼在重掌宝洁帅印14个月后投下一颗重磅炸弹：未来两年，砍掉宝洁旗下半数品牌，数量高达90～100个，最终留下为宝洁贡献了95%利润的大约80个品牌。

这一下子让很多商学院不知道这课应该怎么教了。这个著名案例的主角自己改变了策略。

当商业环境发生突变时，我们蓦然发现，我们以前学习的看似理所当然的商业知识和理论，突然变得并非那么坚不可摧。我们所坚信的一切东西，可能只是在特殊环境下的临时解决方案。如果整个时代变了，从中生代白垩纪进入新生代，那么上一个时代里统治一切的恐龙，可能转瞬就会灭绝。商业世界里这个新的“特殊环境”，正在逐渐变成常态，我称之为“商业新生代”。

从管理学的角度看，我们把一些东西叫作公理，把一些东西叫作定理，把一些东西叫作推论。

公理是不需要证明的看似理所当然的假设，也就是所有人都认可的基本规律。在自然世界中，这就是自然环境；在商业社会中，那就是商业环境。我们在商学院学到的绝大部分是定

地质年代表

宙	代	纪	世	距今年数	生物的进化
显生宙	新生代	第四纪	全新世	1万	人类时代 现代动物 现代植物
			更新世	200万	
		第三纪	上新世	600万	被子植物和兽类时代
			中新世	2200万	
			渐新世	3800万	
			始新世	5500万	
			古新世	6500万	
	中生代	白垩纪		1.37亿	裸子植物和爬行动物时代
		侏罗纪		1.95亿	
		三迭纪		2.30亿	
	古生代	二迭纪		2.85亿	蕨类和两栖类时代
		石炭纪		3.50亿	
		泥盆纪		4.05亿	裸蕨植物鱼类时代
		志留纪		4.40亿	
		奥陶纪		5.00亿	真核藻类和无脊椎动物时代
		寒武纪		6.00亿	
隐生宙	元古	震旦纪		13.0亿	
				19.0亿	细菌藻类时代
				34.0亿	
	太古			46.0亿	地球形成与化学进化期
				>50亿	太阳系行星系统形成期

理，定理是根据假设不变的商业环境推导出来的一些管理理论。定理再往下是推论，推论是将定理结合自身企业状况形成的一些方法。

因为剧变的到来，我们突然发现，我们假设不变的公理如果可以发生变化，那么绝大部分定理都是可以被推翻的。比如，在过去的很长时间，我们在销售渠道上花了很大精力，渠道的强大可能弥补产品的不足。但在距离被互联网消除的今天，渠道为王已经完全不适用了。2013年，苏宁的销售额增长了7%，但利润却下降了百分之九十几，再到2014年上半年，苏宁亏损了。当用户和企业距离很远的“公理”不再成立的时候，渠道为王的“定理”可能瞬间就被推翻了。原来供应商是上游，用户是下游。现在倒过来了，因为是用户主权（本书此后的章节会有对用户主权的详细描述）时代了，用户是上游，他是势能所在，供应商反而变成下游了。

在研究我们应该怎么“进化”之前，我们必须首先研究商业环境到底发生了什么样的变化，才能重新设定“公理”，并根据此重新审视所有的定理，梳理“商业新生代”的生存法则。

那么这个“互联网+”带来的“商业新生代”到底是个什么样子呢?

“互联网+”第一特征：用户主权

2014年11月，北京蓝色港湾的某家咖啡厅。我打开录音机，问了小米的联合创始人黎万强一个问题：**“你觉得今天因为互联网的到来，商业环境发生了什么样很明显并且大家必须关注的变化？”**

黎万强（人称阿黎）在很多人心中已经是大神般的存在，他的《参与感》一书，甚至被有些人奉为互联网营销的圣经。就在几天前，他刚刚决定到硅谷闭关，为小米的未来“憋大招”，震惊了业界。现在他正在去硅谷前的休整期，打算给自己放个小假，但还是抽出时间接受了我的访谈。他说：

> 第一就是用户真正掌握主权，不再是我们掌握主权，这是一个最大的变化。要真正发自内心地研究和服务好用户。因为谁是老大，谁就掌握职权。以前掌握渠道、掌握资源就是老大，所以最早老三届的时候说爱买不买，还要拿粮票买。今天这个在变化。

用户掌握了主权？听到这句话，我其实一点都不惊讶，反而默默地点了点头。这正是我不断对很多企业家讲述的观点，今天从黎万强的口中再次被印证了。

商业环境到底发生了什么变化？我们不断从不同的人口中听到“用户主权”这个词。如果说商业的环境正在从中生代末期的白垩纪转向新生代，那么这个“用户主权”，就是这个“商业新生代”的一个重要标志。

今天大家需要认真回顾商业史，才能看清用户主权时代的本质。

我们经历过一个产品为王的时代，这个时代持续了相当长的一段时间。福特做出黑色T型车的时候是供不应求，之前大家是骑马的，所以黑色车子就卖得非常好。有一个非常有钱的人问福特：“这个车非常好，我能不能在黑色车之外选别的颜色？”结果福特跟他说：“可以，你可以选任何一个颜色，只要你选的是黑色的。”这是一个美国式的幽默，意思是你还要选？产品卖得这么好，你想选什么？这就是产品为王的时代，生产者拥有主权。

20世纪80年代，海尔卖冰箱的时候，中国的冰箱就像当年美国的福特汽车一样供不应求，人们一定要塞条子才有可能买到一台海尔冰箱，但这种现象很快消失了。为什么呢？因为供小于求的时代，随着生产效率的提高，很快就过去了。

供给开始远远大于需求，于是就开始了竞争，竞争来了以后，开始从产品为王的时代进入了渠道为王的时代，渠道商拥有主权。很多人都听说过渠道为王，甚至坚信渠道为王是正确的。

以图书为例，中国每年大概有20万部新书会出版，加上过去市面流通的书，假如说有40万册。中国最大的书店是北京的西单图书大厦，它能同时摆出的图书有4万册。在没有互联网之前，作者或出版社如果希望把一本书卖得好，他要想方设法让自己的书从这40万册书里面脱颖而出，摆在西单图书大厦里面，不但要摆进去，更要以正面摆在消费者面前——读者看到书的正面，购买的可能性更大一点。最好是能够在图书大厦一层出口的地方摆放成一个书堆，这样大家一进来目光就被吸引，这本书就可能成为畅销书——过去就是这样卖书的。

书店实际上帮读者做了第一轮的筛选，从40万册里选了4万册，是消费者赋予了它权力。然后人们进了书店之后，再从这4万册书里挑选自己要买的书。苏宁也是一样，苏宁对传统的家电厂商不管怎样苛刻，在它有权力为消费者选择的条件下，厂商如果不合作，就连消费者在第二轮里选择你的机会都没有。

但在互联网的时代，渠道发生了很大的变化。

在当当网上书店，陈列一册图书的边际成本已经接近于零了。理论上说在当当上可以陈列的图书是无限的，今年出版20万部、明年出版30万部，所有的书都是可以陈列在当当上的。

另外，人们在当当上买东西的习惯跟以前也不一样了，现在买一本书，它的下面会显示买过这本书的人同时也买过哪几本书，你就知道喜欢这本书的人也喜欢看另外几本书。这本书的下面还会有一些看过这本书的读者的评价，假如说有一个人评价说这本书是东抄西凑的，你本来还有兴趣的，但看到评论可能决定不买了。

在互联网上，在当当这样的书店，选择权已经完完全全地交到了消费者的手上，真正由用户来选择他到底要看哪几本书。

为什么渠道曾经为王？因为渠道稀缺、货架稀缺，所以渠道为王。但在互联网时代，边际成本为零，货架不再稀缺的时候，渠道不再为王，选择权交给了用户，这就真正进入了用户主权的时代。

（关于“互联网加减法”详细描述，可以参阅

《互联网+战略版：传统企业，互联网在踢门》）

从生产者主权，进化到渠道商主权，再进化到用户主权，每一轮

进化都意味着商业行为的革命性变化。

举个例子。很多职场人接触过OA这样的办公自动化系统。我到今天也还是没怎么见过一套特别好看的OA系统。为什么没有见过好看的呢？因为大家不关注这个。如果有员工说我这个OA不好用、不好看，公司的IT部门通常会给这个员工一本手册，让他去学一下。

可是在移动互联网的时代，某一个APP（应用）用户说不好用，然后这个APP的开发公司，说我给你一个手册你去学一下，估计用户十有八九会把这个APP删掉。为什么会有这样的事情发生？

以视频类APP为例，有优酷、爱奇艺等等。大家一般在自己的手机上面留一两个，最多三四个。但视频APP有多少呢？在苹果手机的应用商店你会发现有上百个这样的APP存在。这些APP要取悦的不再是应用商店这个渠道，它们要取悦的是最终的用户，用户如果发现这个APP不好用，跟别的APP比起来内容差那么一点点，用户体验差那么一点点，用户就会点住这个APP不放，然后这个APP就开始颤抖了，颤抖之后用户点小叉叉就把这个APP删掉了。企业让一个用户下载自己的应用是如此艰难，可是用户要把它删掉，这在今天变得无比简单。

互联网时代，万物互联，用户和企业之间的距离被大大缩短，渠道和中介的价值被极大地削弱，我们终于进入了用户主权的时代。

渠道、中介的价值本是增加信息对称，但却常常被用来帮助一件平庸的产品卖得比另一件平庸的产品更好，其原因是我们从信息完全不对称，走向信息完全对称（也许永远也达不到）的道路上，刚走到了有选择（有限）对称的位置。继续往前走，终将会实现帮助拥有绝对价值的产品获得市场，提升社会福利。

互联网时代，就是用户主权的时代。

我们到底能拿出什么东西献给消费者、造福消费者？这是在移动互联网时代每个企业要研究的非常重要的课题。

在用户主权时代，C2B（Customers to Business），成为了很多企业应对的主战略。

2012年9月，马云在全球网商大会上表示，未来几年，阿里集团将专注电子商务的几个重要趋势，其一是将从消费流通领域进入到生产制造领域，从B2C全面挺进C2B。2014年上半年，天猫电器城与美的、九阳、苏泊尔等十大品牌深度合作，包下12条生产线，用天猫平台大数据筛选消费者评价，以确定产品功能、颜色喜好、定价区间的方式推出12款天猫定制款。截至目前，12款产品总销量已达六十余万部。

广义的商业包括创造价值和传递价值（详细介绍，请参考《互联网+战略版：传统企业，互联网在踢门》）。我把传递价值的环节称为“狭义的商业”（信息流、资金流、物流），它是受益于信息不对称的。出厂价10块钱，零售价100块钱，10倍的定倍率（零售价与出厂价之比）是商业的常态。互联网消灭了信息不对称，降低了定倍率，这样狭义的商业就受到很大的冲击。

传递价值的商业受益于信息不对称，而创造价值的商业则是受制于信息不对称。

创造价值的企业都想做用户喜欢的东西，但大家都不知道用户喜欢什么，这怎么破?

一种办法是靠自己的经验、直觉去猜。从自己出发去猜有一定道理，因为人跟人的喜好总有相通之处，但自己的喜好究竟能与多少人相通就不知道了，这种判断有运气成分。

后来发展出一种相对理性的办法——做市场调研。调研会准确一些，但有时候也是不靠谱的。例如我每年坐将近200趟的航班，航空公司喜欢对我做些调查："您选航班时，考虑的第一要素是什么呢？"假如说有三个要素：安全、价格、服务。那我肯定选安全，不怕死的人没几个。但在实际买机票的过程中，没几个人会去查这个航空公司的安全性跟另一家航空公司比差多少，航班时间差不多的情况下，大家真正比较的是价格。

这个例子说明，你调查用户时，他是根据自己粗略的感受做判断。在实际购买时，他是用更加理性的方式去做决策的——说一套做一套是生活的常态，所以调查经常不靠谱。因此乔布斯说："我从来不做调查，我靠自己对人性的洞察来做产品。"——但世界上没几个乔布斯。

不管是靠猜还是靠调查，都只能解决一部分问题。创造价值这个环节总的来说是“受制于信息不对称”的，我们无法真正知道用户喜欢什么。

今天互联网让信息变得对称了，企业与用户之间的距离大大缩短，创造价值这个环节将得到很大提升。企业可以用最快捷、便利的方法跟消费者直接接触了，C2B成为可能。

创造价值的企业今后转型的路径只有一条：从用户出发，做出更好的产品。你从来都不会被竞争对手打败，你只可能被用户抛弃。在用户主权时代，要专注在用户身上，而不是对手身上，要发自内心地思考：我到底还能为客户做什么？其他的一切，自然而然。

天猫是C2B领域的案例。天猫有大量的数据，能根据用户的实际购买选择与差评，推测出用户真正想要什么东西。比如，天猫推出的SKG原汁机，就针对网购用户人群对健康的追求，通过不同转速应对不同水果榨汁的方式，找回“被偷走的31%营养”；东菱面包机，以手机云端APP的云菜单方式，提供125款食谱，根据不同食谱需求，设定不同程序度制作，简便易操作，其网络定制的方式，也使得价格从一千多的市售价降至不到400元。

因此我们说，随着信息变得透明和对称，企业能真正做出用户喜欢的东西。

再看小米手机的例子，小米几年前就已经在做C2B了。

我作为互联网的研究者，家里买了很多智能手机，苹果、三星、小米、微软的手机都买了。我发现小米手机有个功能特别好玩。我有时出差忘记给手机充值，10086会发短信说你手机要充值了，小米手机的这条短信里会带有一个按钮“立即充值”，这是我在其他手机里没看到过的。我点一下这个按钮，它就跳到了小米充值的页面，很方便。

这还不是我要讲的重点。我充完值一想，要么顺便也给老爸充值吧。我就把他的号码输进去，输完之后刚要点确认时，心想万一输错了怎么办，我就回到通信录检查一遍，发现没错就回来点确认，但这时又纠结了，要不要再检查一下——这就是传说中的强迫症。幸好小米手机有个功能，我把父亲的手机号码输完之后，它能啪一下跳出我老爸的名字。我知道这个功能不难设计，只要把充值号码和手机通信录匹配一下就行，但这个功能对我来说很有价值。

那这个功能是不是小米想出来的呢？这是来自于小米用户在小米论坛里的抱怨。小米要求工程师一定要逛论坛，这个抱怨就被工程师看到了，他看到这个功能很好，可以做。每周五小米会发布手机操作系统的更新，然后下周二问用户是否喜欢这个功能。用户喜欢的话，小米就给开发这个功能的工程师发“爆米花奖”，用一桶爆米花表示奖励。这样每周更新一次，干了几年的时间，小米的操作系统不断迎合着用户的最新喜好。这就叫C2B，从客户出发，回到企业的产品开发。这是小米真正的核心竞争力之一。

我在微软十四年，前面七年是做技术的，后面七年是负责微软中国的战略合作。做技术的时候，我管过很多工程师，管过印度人、韩国人以及中国台湾人、香港人、大陆人。工程师可能一辈子都想不出这个功能，因为他们未必会遇到具体的使用场景，而他们自己想的不少功能又是用户用不到的，因为他们是从技术出发来设计功能的。

因此，你必须让用户在他们无穷的场景中不断提出自己的需求，才能真正做出他们喜欢的东西。

“这个应该用习总书记的那句话：‘身体已经进入到21世纪了，思维不能停留在过去。’”阿黎解释用户主权时代带来的变化时说，“中国商业环境里面其实不仅是互联网，是整个社会升级了，大家对品质可感知，有强烈的需求。你会发现任何产业都有重新做的可能。以前产业做得不好，哪怕你做茶叶做久了，或者做餐饮的，以前不少行业是偷工减料的。今天你其实如果不追求企业大小，任何一个行业你进去，踏踏实实真材实料，你都能有钱赚。”

这个时代赋予了创造价值的企业特别好的机会，企业能与用户进行非常非常近距离的互动，然后用最快的时间做出用户想要的东西，不必再靠猜测去制造大量不符合用户需求的产品。对真正能做好产品的企业来说，这是前所未有的好时代！

所以我们说，商业新生代的第一大特征就是：用户主权。

“互联网+”第二特征：虚实结合

我们越来越发现，商业新生代的第二大特征就是：虚实结合。

中央电视台大型纪录片《互联网时代》中提到，人类正在向互联网移民（从实到虚）。那部纪录片我从头到尾看完了全部十集，然后发了一条微博：

> 各位，我非常认真地推荐所有传统企业的最高决策者，组织所有高管，认真观看中央电视台的纪录片《互联网时代》，这是一部少有的能站在人类前途、国家战略、产业变革的高度讲明白互联网的超水平纪录片。看完你就会明白为什么这是最好的时代，也是最坏的时代！

这条评论被中央电视台第二套节目引用。

我确实非常赞赏这套纪录片以及其中的观点。但是，我的老领导，前微软亚太研发集团主席、百度集团总裁张亚勤在2014年11月乌镇世界互联网大会上发言说：

> 未来三十年互联网发展将走向何方？是把数字世界互联网的技术、商业模式又送回到物理世界。

他用了一个形象的词叫“互联网的物理化”，张亚勤认为未来的互联网是一个“由虚到实”的过程。

其实，他们在描绘的是一个统一的未来：虚实结合（O2O：Online to Offline & Offline to Online）。线上（虚）不可能从此取代线下（实），线下也不可能“反清复明”，消灭线上。中国的O2O，正在走一条“有中国特色的”融合道路。

2014年10月，我受全球五大猎头之一史宾沙邀请，与沃尔玛、史泰博、百胜、欧莱雅、万事达、TNT等企业的中国区总裁讨论互联网化。

我发现，商业环境的巨大差异，导致中美的互联网化，已经走向非常不同的两条道路。

中国传统企业研究的“互联网化”，在美国叫“Digital”，即数字化。在中国，几乎只有外企会用这个提法，另外就是市场部门，会把这个叫作数字营销（Digital Marketing）。不仅是两个名词的不同，含义也不一样。

比如，我们讨论到百货业时，美国人很自然地认为，O2O是线上下单，然后到线下（如沃尔玛）自提；中国由于网上商品明显比百货商店便宜，O2O是线下体验，然后扫描二维码到线上下单。

所以美国百货业的O2O主流方向是Online to Offline，线上到线下，而中国百货业的O2O更多是Offline to Online，线下到线上。方向完全相反。

为什么中美O2O有这么大的不同？

第一，中国人口众多。实体商店辐射的范围有限，也就三五公里的范围，客户量有天然边界。而互联网是范围经济，在天猫网上商城，一家店就能覆盖全中国，辐射范围无限扩大了。中国人口众多，就能导致网络运营的固定成本平摊在每个用户身上，变得极低。电子商务的边际成本又几乎为零，这就使得中国电商在网上卖东西的成本优势比美国更明显——美国人口没那么多，销量没那么大，固定成本分摊后比中国高。

第二，互联网作为虚拟存在，跟现实是靠“物流”来连接，通过快递把货物送到你家来达成“虚拟现实化”。因此物流成本就成了影响电子商务发展的关键因素。这非常非常重要。

在中国，你从家走到百货大楼或家电卖场的时间价值，相对快递把货物从商店送到你家，要贵得多。因为中国有大量廉价劳动力，可以做到江浙沪6块钱包邮、隔天到货。但美国人工服务是很贵的，所以物流效率没这么高。在美国上网买东西，两三天后送到是很正常的，在中国就会觉得怎么这么慢，我们晚上十点在京东网下单，第二天早上十点就应该到啊。在中国，有劳动力能非常拼命且廉价地干这个活儿。

今天中国的电商，其实还是在享受人口红利，只是廉价劳动力从原来的中国制造，转到了物流。我想，这就是为什么马云做菜鸟的原因，也是刘强东大量投资物流的原因。物流的成本优势，是电商的生死穴。以前中国的廉价劳动力在工厂，现在的廉价劳动力在路上。

第三，美国是地贱人贵的商业环境，中国正好相反，很多房子卖得比美国都贵。地贵，导致线下商业的置业或租金成本高，租金传导到商品价格上，于是商品的定倍率通常也很高。而网上商品无须支付昂贵的租金，加上快递服务便宜，使得线下商业的劣势更加明显。

第四，美国商店能做出自己的特色，卖一些不一样的商品，创新带来的差异化使得消费者无从比价，创新，能带来高一些的毛利。中国百货业销售的东西同质化程度较高，这样消费者容易比价，商品价格就会被压低；同时中国百货业运营效率低下，成本较高。

前段时间有篇文章叫《淘宝不死，中国不富》，写得很好，但我不完全同意里面的观点。淘宝是把中国的“不创新”病给催到了膏肓，用极端的比价机制，让同质商品的利润极速趋向于零。最终大家会认识到，真正想赚钱，看来必须要做“与众不同”的创新产品了，然后倒逼创新和相应保护创新的法规出台，完成中国的“创新型国家”的转型。那一天，就会国强民富，淘宝才会完成它的历史使命。所以我们说，淘宝在加速这个涅槃的过程：中国不富，淘宝不死。

这四点导致了中美电商、O2O、互联网化的极大不同。

在美国，传统商业跟互联网的差距是很小的。因此，美国的十大电商里有七个是传统企业做的，沃尔玛、史泰博都进入了十强。而基于以上四个原因，中国的线下与线上差距悬殊，互联网优势明显，因此中国的主要电商都是纯粹的互联网企业。

中国叫互联网化，指的是商业模式的转型，更多是企业经营战略层面；美国叫digital，是因为它把线下的商业模式用数字的方式营销出去，互联网只是营销工具，更多是企业营销战术层面。人们还是会到线下来，你看美国亚马逊网站最近也在线下开店。所以在美国，线下的传统企业未必会遇到中国一样的巨大压力。

总之，因为线上线下实际情况的巨大差异，中美互联网化的发展方向截然不同。但是，我总结的四个原因也会发生变化，然后会影响互联网化的结果。

首先，很多人发现在网上开店成本低，纷纷把自己的店从线下搬到线上。这会导致商业地产租金降低、售价下降，目前中国商业地产的供应激增也在加剧这一趋势。最终商业地产的售价和租金会回归到“正常”水平。这将缩小线上线下的差距。

第二，随着中国劳动力供给的减少，物价的上涨，以及90后、00后吃苦精神的下降，中国劳动力的价格一定会越来越贵，所以物流成本会上升，这将导致电商优势不再明显。

第三，传统企业正在努力创新，提升效率，这是中国经济的进步。

我们再考虑一个因素，目前电商的流量价格已经比较高了，之前中国的电商平台非常集中，它有垄断权力去收取比较高的流量价格，而随着京东、拍拍、1号店、苏宁易购、国美等电商的兴起，商家可以分散到这些平台，流量价格会有一定下降，但这部分成本毕竟存在。

最终，线上的流量成本、物流成本跟下降中的线下租金、运营成本会达到平衡，在这个时间点上，中国的O2O会达到相对稳定的状态。

所以，我的结论是，中国的线下商业一定不会被消灭，但它正在经历一轮线上线下再平衡的进程。过高的利润会被消除，过低的效率会被提高，过高的租金成本会被降低，过低的物流价格会回到正常水平。这些大的变革完成后，线上线下商业的格局会稳定下来，中国这一轮互联网化大的格局大致也会确定下来。

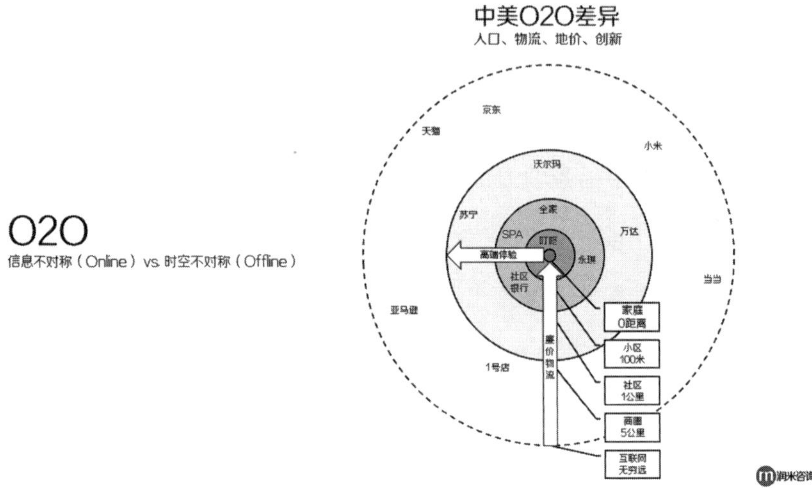

我们从成本角度分析了中国O2O的演变趋势，接下来我们再从时空不对称的角度分析中国O2O的趋势与机遇。

随着移动互联网的迅猛发展，2013年至2014年中国O2O市场持续火爆。O2O即把线下商务的机会与互联网结合在一起，用线上取代线下的思维已被证实难以走通，阿里、京东、腾讯、小米等都在全力布局O2O。

现在很多传统企业想着向O2O转型，但对这个概念大家存在不同理解。在这种时候我们要追溯其本源，找到源头之后大家该怎么做就会比较清晰。

狭义的商业之所以存在，是因为它有传递价值的功能，能帮助消费者解决信息不对称和时空不对称的问题。

信息不对称是指我不知道在哪儿有什么东西，我也不知道它值多少钱、我怎么才能获得它。时空不对称是指，就算我知道东北有优质大米，成本才一块钱一斤，但我不能半小时就得到它。

传统商业在解决信息和时空不对称问题上做出了一定贡献，例如我们在沃尔玛超市可以看到特别多的商品信息，能以较快速度购得来自全国甚至全球各地的商品。

我认为互联网的本质功能是更好、更全面地消灭了信息不对称，例如我们可以在网上看到很多用户对商品质量、性价比的评价，这种信息透明是传统商业做不到的。

但互联网并不能非常好地解决时空不对称的问题。

例如我吃完晚饭在小区附近散步，突然想到要喝酸奶。我去京东或1号店买酸奶，会比身边的小卖部要便宜，但我不能到网上买，因为我马上就想喝酸奶，而1号店送到我手里最快也要明天早上了。互联网解决不了这种时间不对称。

第二种是空间不对称，我看电影会在家附近三公里看，买菜、吃饭一般会在一公里范围内——每个人必然会有自己的生活半径，以家和单位为圆心，画一个距离圈。线下商业的便利性使其有存在的合理性。

因此，Online能更好地消灭信息不对称，Offline能更好地消灭时空不对称。这个时候我们要找到线上线下如何去连接。

做O2O，战术上大家都在讨论统一物流、仓储、会员体系、价格，但首先要抓住其根本点。互联网没有实体，离我们是最远的，它能解决信息不对称，但不能很好地解决时空不对称；最近的（1公里、100米或零距离）商业，能解决时空不对称。而处于中间的商业（5公里、10公里范围）就会受到严重挑战。

我把离你家5公里，叫作商圈。商圈里有苏宁、万达、沃尔玛。人们之所以开车去沃尔玛，是因为它的商品极其丰富，并且价格相对便宜——沃尔玛解决的还是信息不对称的问题，所以大卖场最直接受到互联网的冲击。在中国，因为物流的优势，1号店（虽然也有沃尔玛投资）更好地解决了大卖场原来解决的问题。苏宁、国美、麦德龙、红星美凯龙也在受冲击的行列。

我把离你家1公里，叫作社区。我们走路1公里一般花10到15分钟，这个范围内能找到的是便利店。沃尔玛之类的大商超一般在5公里范围圈。今天我们发现沃尔玛开始不断地关店了，而便利店开得很好。这说明5公里范围还是远，并没有解决空间不对称的问题。未来1公里范围内（包含100米、零距离）的社区经济将迎来大发展。我们来看几个例子。

顺丰的"嘿客"几年之内要在社区里开出三万家社区店，它的商业模式最终是否可行尚属未知，这是战术的问题，从战略上看，顺丰选择社区是非常正确的。为此，我专门飞到了深圳，和顺丰嘿客的总裁袁萌聊了近三个小时，我说："你把店开到社区，我觉得非常正确，但是开的方法也许可以是这样、这样、这样的。"袁萌说："是的。不过当年王卫请我负责嘿客的时候说了一句话，你要先把店开进社区，就算不知道怎么开也没关系，因为你一旦开进去了，就会有人飞到深圳来教你应该怎么来开这家店。”我当时坐在那里唯有赞叹：“王卫确实是一个战略家。”

京东在连接线上线下方面动作很大，它与上海、哈尔滨、温州、西安、乌鲁木齐、东莞等十余座城市的万余家便利店达成了战略合作，承诺15分钟快递。那么，京东为什么不找大商超合作？1公里范围圈的商业就很好地解决了时空不对称的问题——便利店以及SPA、精油等服务都很受欢迎。京东选择便利店而非大商超合作是很有道理的。

现在民生银行要开社区银行，要么离你家特别近，要么离你办公室特别近。因为如果离我不够近，我就会选择在网上解决问题。我认为社区银行也是非常有前景的。

距离再近一步就是小区了，小区是100米之内的范围。

现在有企业免物业费去做小区的物业服务，它赚的是各种服务的钱——比如业主订餐可以打电话给我，我再找相应的饭店买过来，我可以赚饭店的钱。它还可以掌握小区业主的消费记录，衍生出各种商业模式。地产商开发社区经济有天然优势。今年6月，以社区O2O为主要概念的“彩生活”在香港一上市，就以高达六十余倍的市盈率发行，成为港股房地产类上市公司中的“黑马”。我给民生银行不同部门讲过三次课，让我对这家银行刮目相看。他们不但在推动“社区银行”，也在通过收购物业公司的方法，进军100米。一家银行收购物业公司，其战略目标已经非常清晰了。

比小区更近的是家庭，真正的零距离——小米、华为、海尔都在做智能家居，这里面有很多商机。

未来离消费者最近的是智能家居。例如洗衣机、冰箱能上网之后，就可以跟服装、食品企业下订单。

雷军在接受福布斯亚洲采访时说：

> 除了移动互联网之外，今天又一个新的机会兴起了，但是还没有一个准确的名词，这里面包含智能设备，包含IOT（Internet of things，互联网即互联从人向物的延伸），包含家庭互联网，大概都在讲一类的事情，我们会用home Internet（家庭互联网对家中冰箱、电视机等电器的连接，以物为节点到以人为节点联系亲情）这样的词来描述。

所以，真正的零距离，是O2O的终极竞争。

线下商业不可能被替代。但是互联网在用信息对称加上高效物流的方式不断向零距离进攻，而线下在用更好的体验，不断突围。一个新的平衡，将在几年后形成。

看过了两个角度的理论分析，再来看一个布局O2O的具体案例。

2014年8月，小米推出了手机操作系统MIUI6。MIUI6强化了“黄页”功能，这其实是个电话号码的信息平台。通过“黄页”，用户可以直接找到银行、酒店、休闲娱乐、火车机票、物流快递、美食快餐、电商购物等15类主流服务商的客服号码，还能够在手机上直接完成充话费、查余额、查快递、打车、游戏充值、挂号、电影票等功能，而不再需要调用专用APP。

“小米生活”正在成为本地生活服务平台，并实现比“黄页”更复杂的订餐、订酒店等服务。

小米负责提供平台，平台上的服务功能大部分都不是小米自己做的，而是由第三方互联网服务商提供的，如“打车”功能是与快的打车合作的，“挂号”功能则是由挂号网提供的。用户使用“黄页”功能，只需要点击两下，顺丰的快递大哥就能够上门取件。之所以这么方便，就在于小米的信息系统已经与顺丰直接对接。未来小米将会与更多的公司实现直接连接，让用户享受到更加快捷方便的服务。

小米联合创始人洪锋认为基于小米操作系统的O2O服务大大便利了用户：

> 一个人生活中要做的事情非常多，但是你不可能把所有的消费都装一个APP，而且对应不同的帐号，不同的管理，其实不方便。小米手机做门类齐全的生活服务，用统一的帐号、统一的支付很简单、很方便，从用户的角度来说，你不需要安装任何东西，只需要有一个小米帐号，这是一个很好

的东西，和苹果做的passbook（苹果于2012年推出的一款手机应用，该应用将整合来自各类服务的票据，可以存放电影票、登机牌、礼品卡等票据）是一样的。

passbook是开放给所有的服务商，小米也会有相应的API（Application Programming Interface，应用程序编程接口），这个也会做，但是在界面上，我们也会挑选一些服务商。

比如我们在电影方面接受了“格瓦拉”，但我们有可能还会接其他的电影票提供商，这样我们可以给更多用户提供服务，因为格瓦拉上海比较靠谱，北京统统没有落地，对吧？但是如果说有一家提供者可以在全中国都做得很厉害，我就没有必要再接另外一家，因为我有这个时间还不如拓展一个新的服务方向，这是从用户最终体验出发的。

MIUI提供各种生活服务不是挑战更多的行业，我们是帮助更多的行业或者说跟他们合作。因为这些服务，我们自己一个都没做，我们没有人做这些东西。如果他们觉得这是一个挑战的话，是不会跟我们合作的。

我们的功能是整合到系统里面去的，用户在用这个功能的过程中，能够非常清晰地知道提供这个功能的品牌。我不希望他打我的客服电话，我希望他知道这个服务由大众点评提供，就直接打大众点评的电话；这个服务是由窝窝提供的，请打窝窝的电话；这个服务是格瓦拉提供的，请打格瓦拉的电话。

再牛的O2O在手机上的安装率都可能不超过5%。我们要做的就是把剩下的那95%的人服务好，让他们也能够有一个更低的门槛，他不需要安装，就可以用O2O服务。

延伸阅读

三八妇女节，你在过节，阿里在“打劫”

（本文首发于“福布斯中文网”）

2015年3月8日这天，阿里又任性了一次，自掏腰包补贴淘宝用户，消费者只需要当天登录手机淘宝，扫一扫参加活动的商品条形码，进入购买页面后，就可获得最高5折的减免优惠，每个用户最高补贴100元。

据淘宝官方统计，3月8日上午9点，扫码抢购开始后10分钟内，有38万用户参与扫码，金额相当于10分钟内扫走10家一线城市超市的销量。开始后的30分钟内，共有54万用户扫走30万卷纸巾、4万瓶洗衣液、30万箱牛奶和3万桶食用油。30分钟内，高露洁牙膏卖掉了线下一家大型超市促销1个月的量；1小时内，金龙鱼非转基因调和油的销量相当于线下一个大型超市一天销量的125倍；两小时内，250ml装的伊利金典纯牛奶的销量达到线下一家大型超市一天销量的近20倍。

这一天，因为扫码而产生的销量，据说已经超过1000家超市，“一分钟扫掉一家大卖场”。

除了震撼以外，作为商业机构，尤其是百货商超，我们更要深刻地理解，阿里这么做的目的是什么？逻辑是什么？对我们的影响是什么？以后会不会有更多的互联网公司也这么做？

我在《互联网+战略版：传统企业，互联网在踢门》里写到，企业的价值大体分为两种：创造价值和传递价值。海尔把冰箱做出来，叫作创造价值，苏宁把它卖掉，叫作传递价值。创造价值类企业的核心是产品，传递价值类企业的核心是流量。今天，连接企业与消费者的方式发生了根本性的变化，互联网公司除了在网上自建流量体系外，开始“打劫”线下百货商超类企业的流量。

以超市为例，租金、人工、水电、损耗，这些都是线下成本。这些成本的目的，都是为了“展示”；然后通过展示，获得流量（客户的到店）；客户到店后，通过体验（复杂信息），做出是否购买的决策。一旦决定购买，原来顺理成章的是，客户拿着商品，到收银台付款，把东西买回家。在这个的闭环中，超市把展示成本（租金、人工、水电、损耗），加到了商品价格上，转嫁给消费者。但是，看完以后决定要买，有没有可能不在你家买，也就是所谓的“货比三家”呢？这时超市付出了展示成本，消费者获得了体验收益，但是成本并没有完成转嫁。这里其实有一个BUG（漏洞），只是很多消费者怕四处比价的麻烦，这个BUG被利用的机会并不可观。

移动互联网时代，“流量打劫者”出现了。阿里在3月8日的扫码购，其实就是利用了传统商业逻辑中的这个BUG，消费者在超市体验了这款商品，做出要购买的决定后，阿里说：你用手机扫一下这个二维码，网上更便宜。消费者受利益驱使，被便捷推动，一扫码，发现确实便宜，就真有可能到网上下单了。网上为什么有可能会便宜？因为他们并没有付出超市的展示成本。所以，扫码购，利用了传统商业逻辑中的这个BUG，一下子让所有的超市，变成了网店的体验店。

面对流量打劫者，百货商超类企业有两种办法，一个治标，一个治本。

治标的办法是，不允许消费者在超市掏出手机，或者整个超市屏蔽手机信号。这个办法会修复BUG带来的症状，但是并没有修复BUG，而且会带来的新问题是，因为不能用手机，消费者可能连超市都不去了。

治本的办法是，对于并不独家销售的标准品，百货商超类的企业，最终要改变经销商、代理商的定位，变为品牌体验店，不再赚取商品进销差，而是赚取品牌展示费。看似很小的变化，但逻辑是截然不同的。商品进销差的逻辑是，展示费由经销商、代理商承担，然后把这笔费用算入进销差。这就是

BUG的核心，也是流量打劫者的目标。品牌展示费的逻辑是，展示费由品牌商承担，你在这里买，在那里买，到网上买，都可以，因为都是那家品牌商的。以扣点为核心的百货商场，向以租金为核心的购物中心的转型，就是一个例子。

互联网给我们带来的，不仅是多了一个新的销售渠道，而是对整个销售逻辑的变化。这些变化，开始很难接受，但是最终会变为现实。曾经唱片公司很不满电台里不付钱放他们的音乐，要收费。但收费后，电台都不放了，宣传效果也没了。整个商业逻辑很扭曲。最后，唱片工业意识到，真正的收入，要来自于演唱会等商业模式，而电台，应该免费。自此，这个商业逻辑才理顺。

商业逻辑不顺，就会有打劫者，今天是阿里，明天还会有更多。在不顺的商业逻辑之上的O2O，只是治标，无法治本。顺应时代，变革商业模式，才能彻底修复BUG，抵挡流量打劫者，重获辉煌。

“互联网+”第三特征：去中心化

未来的20～30年，去中心化是不二法门。

——凯文·凯利

北京蓝色港湾，某咖啡厅。黎万强接着说：

还有另外一个变化就是互联网的信息对称以后，会把中间行业都干掉，直接B2C。这种时候你发现类似Airbnb[①]这样的公司这样的商业形态应该会冲击很多的传统行业，把中间模式干掉了。

① Airbnb是一家联系旅游人士和家有空房出租的房主的服务型网站。

黎万强说的这个“把中间模式干掉”，就是所谓的“去中心化”（也有人称之为“去中介化”）。

地产商潘石屹在2004年的时候，用300万元重奖中介。但是到了2014年，他说：

> 我们目前就在推进去中介化。但变革过程阻碍很大，很多人还是对佣金非常感兴趣。我们的租售平台目前正在推进几个标准：第一，价格标准化。网站公布的价格就是签约价格，不会有一分钱折扣；第二，产品标准化。就是竣工图的标准化，客户最后购买的房子与我们在网上公示的竣工图是一样的；第三，合同标准化；第四，付款方式标准化。原来中介都威胁我，但推动标准化后，房子租得更好了。这才是真正的互联网化。

作为一个传统地产商，他对去中介化的解释让我震惊：

> 互联网的发展就是去中介化。如果不去中介化，用最先进的互联网都依旧不是互联网思维。去中介化一定是必然趋势。去中介化不是中介行业互联网化，而是真正地去中介化。

京东的创始人刘强东则提出了著名的“甘蔗理论”，他说：“产业分工有十块内容，品牌商做创意、设计、研发、制造、定价，零售商做营销、交易、仓储、配送、售后。为什么京东越做越重，因为我们坚持认为，在这个产业里面，做的事情越多，吃到的节数越多，有一天行业趋于理性的时候，你才有能力和资格去获取行业的最大利益。什么代理商，什么分销商，对不起，最终你们都是不存在的，死是必然的，只是不知道什么时候死。”

十节甘蔗理论

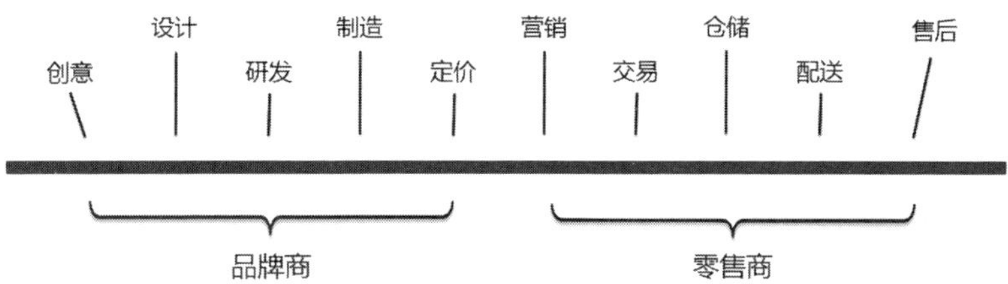

润米咨询

消减中间环节，是去中心化的一种体现。但是，去中心化最典型的商业模式，是P2P。P2P全称是Peer to Peer，即个人对个人，人与人之间直接以物易物是原始社会的基本交易模式。很多人对P2P的理解局限于借贷，其实借贷只是P2P的应用方式之一。今天很多人说的分享经济，也是P2P的一种形式。要真正理解当今P2P模式的颠覆性，必须理解人类社会为什么会发展出商业。

我举个例子来说明。人类早期的保险形式是这样的，一户人家要办大事（例如婚丧），但很穷没能力办，大家就都给他包红包，把事情给办了。此后另外一家要办大事，大家也包红包把他的事给办了。

这种互助会是保险的雏形，但只能在互相信任的熟人之间小范围进行。如果是大规模的陌生人交易，就需要中介机构来组织。

现在的保险公司在保监会有准备金，有国家机构保证它的信用，大家就可以放心把钱交给它，让它把钱给真正遇到困难的人。银行则是在人们的存款和贷款之间充当中介。

这类中介机构的出现显然可以大幅提高社会的组织效率。因此商业的大规模发展是以其中介功能为基本逻辑的。

互联网的本质是万物互联，缩短了人与人之间的距离，极大地提高了沟通效率。信息对称后，陌生人之间的匹配度可以很高，人们可以直接交易，中介模式就受到了挑战。这是全世界的商业千百年来没遇到过的情况。

先从一个很有意思的网站讲起吧。这个网站叫作“抗癌公社”，这是一个对抗癌症的合作社，是一个抱团互助组织。几万人互相约定，你若患癌我们每人捐你几块钱，我若患癌你们每人捐我几块钱，共帮助患癌者筹集30万（能够治疗一般的癌症），也让没患癌的人得到安心和保障。在没有互联网的时代，要找到这几万人是不容易的，互联网让寻找的成本变得极低。

假设抗癌公社成员达到3万名，当其他成员患癌，你须通过抗癌公社网站提供的支付通道，向其援助10元钱。

抗癌公社有一套完善的机制增强可行性和防范风险，比如：参加抗癌公社，须经过1年观察期，这可防止很多人得了癌症之后纷纷加入，最终成员们不堪重负而导致组织解体；成员患癌后病情是公示的，经过公证的，保证大家无异议；不设立基金，会员捐助是P2P的，通过支付工具从捐助人直接到受捐人，不需要担心有人从中截留——如果要求事先把钱交给组织，有非法集资的嫌疑；如果不帮助患癌症的成员，则视为自动退出公社，由于捐几块钱也不多，绝大部分人为了获得未来的保障会选择捐款；根据成员数量动态调整捐助金额，例如成员到达30万人，一人捐一块钱就可以凑足30万。

这其实就是一种保险。它的神奇之处在于这30万块捐款可以一分钱都不损耗，就到了被捐款人的手中，这是空前的100%的高效率。有着中介功能的保险公司，首先各层级的保单业务员就要拿走30%的提成，保险公司本身也要很多的运营费。有数据表明，2005年时，整个中国保险业只有20%的保费用于赔付，效率还不如买彩票（彩票的返还率在50%以上）。今天这个效率虽然有了不少提高，但估计最终也就只有50%～60%左右的保费花在需要帮助的人身上，所以其实效率很低。

抗癌公社这种模式，可能只需要一个人来做网站，就可以组织数万人参加保险。互联网消灭了信息不对称，让人们又回到了原始社会人与人直接交易的模式。互联网的沟通效率极高，可以迅速汇集一大群人，是更高级的P2P。

再举个例子。前面说的那家美国公司叫Airbnb，第一个B指bed，床，第二个B指breakfast，早餐。很多人旅行只需要一张机票、一张床和一顿早餐；与此同时很多人家里是空着一个房间没利用的，这种社会资源处于浪费的状态。一边是很多房间空着，一边是社会上在大量地建造酒店，这是信息不对称下的无奈。

Airbnb让用户把家中房间空闲的时间登记在网站上，这段时间房间可以租给旅行者。这个房间会比大部分酒店便宜而且干净，能吸引旅行者入住。

这就把社会闲置资源给充分利用起来了，整个社会福利就提升了。

美国还有个P2P租车网“Relayrides”，每个家庭的车都可能闲置几天，可以把这几天时间出租，人们在网站租车，价格会比传统租车公司便宜20%~40%，因为人们是通过网络直接交易的。与传统租车公司先买一批车再拿来出租相比，P2P租车充分利用了闲置资源，提升了社会福利。

P2P用个人与个人交易的方式，来充分利用社会闲置资源。P2P借贷与保险充分利用了闲置资金，P2P租房充分利用了闲置房间，P2P租车充分利用了闲置车辆——P2P还可以充分利用闲置人力资源。

假如有人上班是从上海莘庄到浦东，可以顺便帮人带快递，我可以赚快递费（会比快递公司收费低），这叫P2P快递。

海淘是大家比较熟悉的例子，每个人进海关可以带5000元的海外商品，这是免税的。如果你没买海外商品，而别人想买，你就可以顺便帮他买。无数人的代购加起来，金额会超过最大的进口企业，这叫P2P海外购物。

再比如以前我们看新闻要通过记者、编辑，而在互联网时代，事件现场的人们就可以通过网络发布照片和消息，微博就是典型的P2P媒体，有句话叫作“再小的声音都是自媒体”，这相当于给每个人都扔了一把AK47，以前中心化的媒体受到了极大的挑战。

P2P其实已经随处可见，最早的P2P网站是用来分享音乐的，前两年很火的比特币是P2P货币。

互联网提高社会效率，集中体现在降低定倍率上。所谓定倍率，就是一双鞋的出厂价150，你在商场买到手是1500，定倍率是10倍，很多钱是花在一层层的中间渠道上，而不是物质财富上。互联网缩减了交易环节，就提升了整个社会的福利。

所以我认为（尽量）彻底取消中间环节的P2P是最符合互联网精神的商业模式。

P2P好比互联网给大家空投了一批AK47。原先酒店、银行都是少数人在做，P2P可以让每个人都成为供应商，让自己的闲置房间和资金进入市场。AK47是每个人拿到就能去打仗的武器，P2P就好比一架运输机，疯狂空投了海量的AK47，实现了全民武装，让每个人都具备了作战（在市场里交易）的能力。

我们可以看到，P2P无论进入哪个行业，都会势如破竹，引发重大的颠覆。所以，我们说，以P2P为形态的去中心化，是商业新生代的第三大特征。

“互联网+”本质特征：万物互联

但是，我们还是不能满足于这个答案。

这个商业社会，怎么到了互联网时代，用户就一下子掌握了主权了呢？虚实就融合了呢？中介就能被消除了呢？推动“商业新生代”的到来，产生这些特征背后的原因又是什么呢？

我想，这个真正的推动力就是互联网的基本诉求：万物互联。

先不说互联网到底如何改变了人类、国家、产业，互联网的物理本质，不就是把越来越多的上网设备连接在一起吗？一开始是服务器上网，后来是PC上网，后来是手机上网，然后是可穿戴设备，最后是万物互联。

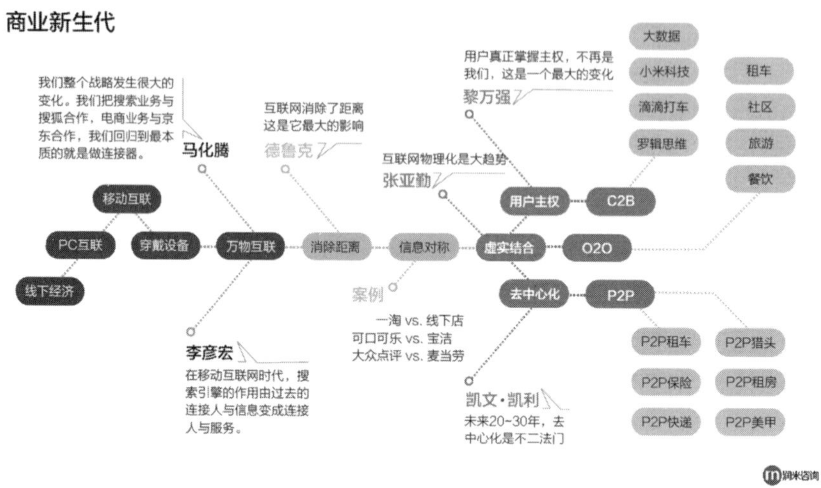

（商业新生代图谱）

万物互联，导致（企业与用户之间的）距离的消除；距离消除，导致了信息越来越对称；信息对称，让用户主权得以彰显、虚拟世界得以连接现实世界。消灭信息不对称的效率相对于互联网较低的线下中介面临极大的生存压力。

所以，万物互联，改变了这一切，极大地推动了商业环境的变迁，加速了“商业新生代”的到来。

在2014年11月世界互联网大会上，雷军表示将用小米手机来连接一切智能硬件：

> 很多人觉得手机屏幕很小，我的观念是，也许未来这个世界到处都是屏幕，而手机是你随身的电脑，你所有想看的

东西会自动映射到离你最近的屏幕上。基于这个理由，我开始做电视，我认为电视是手机的显示器，而手机是电视的遥控器。

接着我又做了智能路由器，我为什么做路由器这个传统而又古老的东西？因为路由器是家里唯一的24小时开机的联网设备。接着我们把路由器里装上硬盘，装上技术，其实它就是家用的服务器，是家里7×24小时永不停歇在工作的设备。

随着这种连接的开始，我认为未来手机可以连接我们办公室、家庭和个人的各种各样的设备以及传感器。最终，手机会成为人的一部分，成为你的亲密伴侣。

智能终端越来越成为这个世界的中心，周边连接的智能硬件也越来越多，我们沿着这个思路，这一段时间主要的工作就是建立完善的智能硬件的生态链。

在过去一年多的时间里面我们已经投了25家公司帮助我们完善整个智能硬件的生态链，像网络监控头、智能血压计等等各种各样的智能硬件，围绕小米手机展开。这么一步一步下去我们所拥有的用户群的黏度就会越来越高，在上面的增值服务也会越来越多。把它简化，小米开创这个模式的核心是把硬件、软件和互联网结合在一起，用这样的模式走出了一条新的路子。

> 我们现在整个平台已经拥有了7000万激活用户（注：到2015年1月中旬，MIUI联网激活用户已超过1亿），一年后会超过2亿的用户量，全球市场刚开始展开，在过去的一年里面我们开拓了6个市场，包括中国香港特别行政区和中国台湾以及新加坡、马来西亚、印度、印尼这六个市场，最近印度是我们主攻的市场，我相信，用这样的模式经过5～10年，小米有机会成为世界第一的智能手机公司。如果这一天来临的时候，我们就拥有了一个更大的平台在全球范围展开。

也是在世界互联网大会上，腾讯公司董事会主席马化腾表示，腾讯的新定位，就是要做连接器：

> 最近半年、一年，我们有很大的变化，修身养性，回归本质。我们发现企业最擅长的优势还是集中在通信、社交大平台上，我们整个战略发生了很大的变化。我们把搜索业务与搜狐合作，电商业务与京东合作，我们回归最本质之处去——做连接器。在移动互联网时代，我们看到新希望。原来在PC的时候你会发现很为难，通信、社交仅仅是人们生活的一部分，但是在移动互联网方面，通信大有可为。手机是一个天然的通信工具，大量可以以通信和社交做底层服务

的机会诞生了，这个是在PC年代没有的，PC年代打开浏览器就可以了。但是在移动互联网时代，我们有了人，有了联络人，知道他的社交网络之后，其实很多底层大量的工作可以做。

于是我们产生了新的一个重新的定位，就是做连接器。我们不仅希望把人连接起来，还要把服务和设备连接起来。

百度公司的董事长李彦宏2014年9月3日在“百度世界”大会上也表示：

过去一年里一个显著的趋势是越来越多的消费者通过移动搜索寻找服务。在移动互联网时代，搜索引擎的作用正由过去的连接人与信息变成连接人和服务。

连接，是改变这一切的原点。

沿着雷军用手机连接各种智能设备的思路，我们来做进一步的展望。

目前手机在拉近人们的距离，下一阶段可穿戴设备将把人和计算机连接起来（大数据），我认为这一轮剧变的终点是万物互联。

我2013年离开微软后，给海尔做战略顾问，让我有机会研究了不少“万物互联”的设备，比如连接到网络的冰箱、洗衣机。

电视上网大家可以理解，但洗衣机需要上网吗？它上网有什么用？

这个问题我在不同场合问过很多人，绝大部分人的回答是，当人们在上班的时候，可以远程控制洗衣机洗好衣服。这是典型的用旧眼光看待新事物。

来看一个场景，我把自己的黑色T恤扔进洗衣机，然后又把老婆的白衣服扔进去，这时洗衣机会告诉我："主人，里面已经有黑T恤，白衣服不可以一起洗。"做到这点，只需在衣服上加入成本几分钱的洗衣标签，标签里有品牌、颜色、质地等信息，可供洗衣机判断。

然后我把黑色T恤拿出来，准备先洗老婆的白衣服，这时洗衣机居然告诉我说，这件外套已经洗了12次了，最近这个品牌正在打折，您是否考虑买一件新的？

然后我又把西装扔进洗衣机，洗衣机跟我说，您可能不知道，西装是不能水洗的，离您家500米有个干洗店，洗一套西装只要39块钱，如果您需要，只要按一下确认，洗衣店的帅哥15分钟内就会上门取衣服。

大家想想，洗衣机上网是不是可以干这些事了？是不是意味着很多新的可能出现了？互联网给我们带来的一个很大的影响，不是在行业边界不变的前提下，提高了某个环节的效率，而是可能融合了很多行业的边界。

开拓了思维之后，大家想想冰箱上网可以干什么？

我喜欢每天早上吃水煮鸡蛋，冰箱慢慢就发现了我每天拿出一个鸡蛋的习惯，每当储藏的鸡蛋不到6个的时候，它就会直接在1号店下订单买鸡蛋。当它发现我冰箱里的牛奶再有两天要过期的时候，会提醒我尽早喝掉。当我把芹菜放进上方盒子的时候，它会建议我说，正好下面的盒子有块牛肉，你今晚可以做芹菜炒牛肉。这就是冰箱上网后可以干的事情。

万物互联以后，很多行业的边界将会被打破，重组。一轮大的变化在到来，我们首先要理解这是一场什么样的变化：这场变化开始于PC，爆发于移动互联网，现在混战于可穿戴设备，将来会结束于万物互联。这个变化对各行各业都会产生重大的影响。

以“用户主权”“虚实结合”“去中心化”为特征的、“万物互联”的商业新生代终于到来！

中　篇

做适者生存的“达尔文雀”

商业新生代已经来临，那么，企业应该怎么办？我们如何实现用“互联网+”的手段，改变自身？

我在研究达尔文的生物进化论时，被一句话打动：

> 不是最强壮的能生存，也不是最聪明的能生存，而是最适合的能生存。

这句话首先把“最强壮的”“最聪明的”这两个我们在脑海中认为理所当然的“适合的”给排除在外了。他是想告诉那些既强壮又聪明的：你们不一定适合这个时代了。

大家还记得吗？2007年，iPhone刚推出的时候，大家是怎么评价iPhone的：

> 彭博社：诺基亚和摩托罗拉等移动行业主要竞争者完全不必对这一产品的到来感到紧张，不要认为iPhone会对它们的业务构成威胁。
>
> *PC Magazine*：iPhone缺陷很多，也许一开始的销量会很不错，但随后就将出现下滑。

知名分析师吉恩·蒙斯特（Gene Munster）：iPhone将是业界的重磅，该产品销量将稳步增长，并在2009年突破4500万部大关。

Market Watch：苹果需要准备多款手机以保持自家手机同市场保持一致，否则iPhone将在三个月内面临失败。

韦德布什·摩根证券（Wedbush Morgan Securities）：iPhone面对任天堂DS等诸多移动游戏设备时将不具备任何竞争力。

iSuppli：苹果将在未来下调iPhone零售价格。

Capital集团（Capital Group）：摩托罗拉RAZR是一款伟大的手机，价格诱人，iPhone完全不是它的对手。

《商业周刊》：iPhone不会对黑莓（Black Berry）构成威胁。

RIM公司CEO吉姆·贝尔斯利（Jim Balsillie）：iPhone对我们业务的影响微乎其微。

微软CEO史蒂夫·鲍尔默（Steve Ballmer）：iPhone没有获得重大的市场份额的机会，完全没有机会。苹果可能会赚很多钱，但如果仔细研究拥有13亿部销售量的手机市场，我相信微软在其中的比例会达到60%～70%甚至80%，但苹果也许只有2%或3%。

微软高级营销总监里查德·斯普雷格（Richard

> Sprague）：我不相信iPhone符合这些华丽的宣传辞藻。记住我的话，并且在两年之后再回来看看我的预言是否准确：我预计苹果iPhone在2008年销售量不可能达到乔布斯所预测的1000万部。

今天再回顾这些话的时候，他们听上去是多么愚蠢和无知。可是，在当时，你保证你不会也有一样的看法吗？

所有的恐龙都不认为从白垩纪到了新生代它们会灭绝，它们看不起那些身形瘦小的灵长类动物，今天的强大常常能让它们忘记自己也只不过是历史沧海中的一粟，它们的统治也只不过是历史的一瞬间。恐龙如果有思想，它们一定会希望进化只停留在它们的时代吧！

可是，每个时代看似不可被打败的王者，最后都被时代打败。IBM的开拓者小托马斯·沃森面对个人电脑不屑一顾："全世界只需要四部电脑！"即便是微软的创始人比尔·盖茨也曾经说过："电脑只需要64K内存。"今天电脑的内存是他预言的几十万倍。

所以，企业面对大变革的时代通常有两个问题：1. 不承认环境的变化；2. 不知道自己如何变革。

本书是写给首先承认环境在变的读者的。不相信环境确实在变的，请阅读《互联网+战略版：传统企业，互联网在踢门》。因为本书的重点是通过解剖一个在"商业新生代"（如果你承认新时代到来了）活得挺好的“达尔文雀”来帮助大家体会：我们自己应该如何变。这只达尔文雀的名字叫作小米。让我们用下面的篇幅，用解剖学的眼光来看看，小米是如何在商业新生代生存发展的，以及我们到底可以向小米学到些什么。

创业公司通常非常难学。转型期的企业学习创业公司，就更难。我给大家看一张图，是我自己在帮助传统企业转型的过程中，一直思考“为什么转型如此艰难”而总结出来的“企业生命周期”图。

企业生命周期：

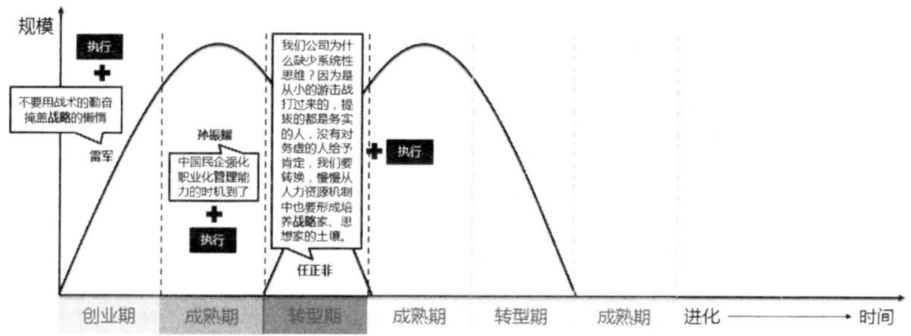

润米咨询

我把企业的生命周期，简单地解构为三个阶段：创业期、成熟期、转型期。

创业期：

创业对绝大多数人来说，是艰难的，因为未来的极大不确定性，团队也没有经验，这时候失败的概率很大。所以很多人说，创业是一个九死一生的游戏，如同赌博。在这个创业的过程中，有两个最重要的企业工具——战略与管理。很多人鄙视管理，觉得那是大机构的官僚体系，战略也只是一个朴素的愿景和一腔热血，团队可能很有执行力，但是能走到第二步的寥寥无几。在这个阶段，我非常赞同雷军说的一句话：不要用战术的勤奋，掩盖战略的懒惰。可惜绝大多数初创企业，都是朴素地面对自然选择。

成熟期：

能走到第二步的，值得祝贺。这些企业通常不是"选择了未来"，而是被未来选择。他的战略（朴素的方向）吻合了大时代的方向，加上团队优秀，就走到了第二步。这时候，很多企业也涨到了400人、1000人，很多人终于意识到：一个人真是管不过来啊！于是开始引入管理。管理就是战略流程化，流程工具化。这极大地提高了企业的运营效率，夯实了企业的基础，再往上推高一个层次，但也从此确定了一个未来。在这个阶段，孙振耀的呼吁振聋发聩：中国民企强化职业化管理能力的时机到了！

转型期：

成熟的企业战略、管理都已经基本确定，这时候我们看到，2012年前，评价一个老板是不是好老板的方法是，他打了一天高尔夫球，没有接到一个电话；出去爬了半年山，公司也不来找他。但是2013年之后，商业新生代到来后，所有爬山的老板基本都回来了。商业环境突变，战略和管理都要变，尤其是战略：我们以后到底往哪里走？企业重新进入了创业期，但是和创业不同的是，转型的企业多背了一个包袱。包袱里的东西是干粮，但是也让你的步伐更加吃力。怎么办？任正非发文：我们要转换，慢慢在人力资源机制中也要形成培养战略家、思想家的土壤。

如果转型成功，企业会再获新生，进入下一个成熟期。转型（老小孩）和创业（小孩）有很多相似之处，但也有很多不同。转型期的企业学习创业期的企业很困难。它没有你的干粮，也没有你的包袱。另外一个很难学习的原因是，你可以从创业企业（比如小米）身上看到100个闪光点，但是你其实很难区分100个都在闪光的点中间，哪些是优点，哪些是缺点。成长是可以掩盖很多问题的。也许真正推动创业企业高速发展的只有5个点，另外95个点都是成长过程中的问题，比如人员管理的问题，但是随着公司的高速发展，人的问题可以被更多的职位空间，未来上市的预期覆盖。在成长中，你甚至很难分辨优点和问题，很多人只好“瞎总结”和“乱学习”。

我2002年左右在微软的时候，去过很多中国的软件园，给很多知名的企业讲微软是怎么开发软件、做项目管理的，包括南京的同创、北京的联想。当时，大家把我说的每一个字都当作圣经，联想的一位副总裁赞叹：“微软不愧是一家伟大的公司。”可是，12年后，微软开发软件、项目管理的方法没变，但是大家对微软的看法变了，你再去讲微软是怎么做的，甚至会有人把它当作反面案例来警示自己了。

我离开微软后，成为了晨兴资本（小米的投资人）的高级顾问。虽然说是顾问，但其实我向晨兴的团队学到更多。后来，我记得非常清楚，他们的一位合伙人对我说：“请你做顾问时，我们做过讨论，因为你是微软的，所以减一分；因为你在微软待了三年以上，所以再减一分。”我当时很震惊，虽然最后我还是成为了晨兴的顾问，但是让我引以为豪的在微软的14年的经历，不但没有加分，反而减了两分。我问：“为什么？”他说：“因为微软的方法论已经不适合今天的创业公司，你在微软三年以上，这套方法论可能已经流淌在你的血液中间。”

这件事给了我很大的影响。从此我会认真地思考我熟悉的每一个做法背后的那个“为什么”。

那么，小米到底哪五个点才真正值得学习？为什么值得学习？很多人去参观小米，会自然地挑选自己价值观认同的点学习，甚至有人会挑选他觉得容易实施的去学习。但学习这些真的有用吗？

我们希望给大家一套学习的框架。这套框架来自于美国管理大师、“破坏性创新之父”克里斯坦森的名作《创新者的窘境》。书中指出，组织的创新能力往往受到三个因素的影响：资源、流程、价值观。简称为RPV（Resource-Procedure-Value）框架。

资源包括人员、设备、技术、产品设计、品牌、信息、现金以及与供应商、分销商和客户的关系等。

我们可以试着为两个不同的机构配备相同的资源，最后这两个机构可能会利用这些资源创造出截然不同的成果。这是因为，将机构能力转化为增值产品和服务的过程，是由该机构的流程和价值观决定的。

员工将资源转化为产品或服务，在实现转化的过程中，人们所采取的互动、协调、沟通和决策的模式就是流程。无论流程是正式的、非正式的，或是根植于文化，都决定着组织如何将资源投入转变为更有价值的东西。

企业的价值观就是各级员工在确定决策优先级别时所遵循的标准。良好管理的一个关键衡量标准就在于，管理者是否在机构内部普及这种清晰、统一的价值观。

本篇，我们通过三章，来分析小米这个新物种的DNA（资源、流程、价值观）变异，让大家看到企业进化的实景图。这三章是：

· 价值观之变

· 流程之变

· 资源之变

《奇点临近》一书中有句话深得我心："当人们看到太多相同的时候，也许我们很无知；当人们看到太多不同的时候，也许我们视野不够大；当人们同时看到不同和相同的时候，也许这恰是我们的智慧原点。"

小米颠覆了很多经典，也吸收了不少传统养分，在读完小米经营管理的深层理念与具体做法之后，希望大家能充分看到小米与传统标杆企业的不同与相同。

“互联网+”价值观

商业新生代的主要特征是“万物互联”带来的“用户主权”“虚实结合”与“去中心化”。其中“用户主权”需要企业做出价值观层面的变革，并由此引出一系列的经营行为调整。

用户主权时代的到来已经被一批先行者感知到了。马化腾在给2014年全球合作伙伴写的信中表示：

> 腾讯的理念是以用户价值为依归。在90后兴起的时代，我们更加要去了解这群用户的心理偏好。我们做的是互联网连接，如果不能理解另一端的互联网新兴主流用户群体的消

费行为、使用习惯是什么，这将会成为最大的隐忧。包括微信和QQ，没有人保证一个东西是永久不变的，因为人性就是喜欢更新的，即使看上去你什么错都没有，也要不断更新迭代、顺应潮流。经常要问下年轻的90后、00后，测试一下，你的产品他们会喜欢吗，他们的小伙伴喜欢吗，他们就比我们自己要看得更准。

黎万强在访谈中表示，用户在移动互联网时代才真正成为了上帝：

过去传统企业说我们以顾客为上帝，那都是口号，其实并没有用户思维。移动互联网时代的社交化媒体，把信息不对称给消灭了，让用户成为了上帝，真正的上帝。今天企业有点问题微博一下就发出去了，上百万的人就知道了。用户就会用脚来投票，这很恐怖，企业被迫要改变。互联网、社交媒体把用户的主权放大了，用户具有选择权，所以站在用户的立场出发，才是真正的互联网思维。

小米不是“转型”到“用户主权”价值观的，在访谈中，我感受到，他们从“出生”开始就是拥有这样价值观的公司。慢慢地我觉得，价值观正确，也许是小米能快速崛起的根本原因之一。

让我们用如下几个小节，来解剖一下小米的“用户主权”价值观。

互联网思维不是产品思维，是用户思维

互联网思维是产品为王，还是用户为王？这是一个问题。

黎万强认为：

今天大家谈谁是互联网公司，其实是一个挺悲哀的事情，三五年内大家都是互联网公司。每个人都要用互联网渠道来做事情，每个人都要用互联网思维来做事情，每个人都要用互联网的执行能力来做事情。不管你是卖酒的、卖茶叶的，还是做手机的，本质是一样的。

互联网思维的本质其实不是产品思维，而是用户思维，粉丝经济的后面也是用户思维。企业已经从纯粹的品牌渠道进化到关注产品，已经前进一步了，但在今天还不够。你做产品永远都是没有最好只有更好，但你让用户参与以后，他每个阶段都会有他的预期，你只要超出他的预期就可以了，并且你的产品跟他的意见在不断迭代，不断向前跑。

比如普洱茶，你说如果要提供一个最好的茶，到底一杯茶是一千块还是两百块？说不清楚。但用户希望能够花18块钱喝个好茶，那我就把18块钱的茶做到极致，让它超出预

期。我想用这个例子来说明用户思维很关键。

很多企业羡慕小米的口碑营销，雷军曾在“小米的未来智能家庭”演讲中用海底捞的例子阐述了口碑的背后不是产品，而是超出用户预期，与黎万强的喝茶例子有异曲同工之妙：

“我有一次在机场买了一本书《海底捞你学不会》，我觉得我学会了，为了验证我有没有学会我还专门吃了几次海底捞，去完以后真的叹为观止。我去了海底捞以后我最震撼的是什么？海底捞的装修很一般，店的位置也很一般，但是它有一点点非常不一样的感受，它的服务员非常热情，很亲切的笑容，让你都觉得这个餐馆真的很好。

“有一次吃饭我就问那个服务员，你整天那么乐干啥呢？你不就做个服务员吗？结果给人教训了一顿。人家说：‘我四十几岁的下岗女工找不到工作，海底捞一个月给我四千多，我睡觉做梦都会笑醒。’那句话真给我震住了，就是海底捞对员工很好，员工在公司感觉很好的时候他对客户就完全不同。

“海底捞最重要的就是它的口碑非常强大，强大到什么程度呢？两三年前网上传海底捞挡不住。网上有一个段子，说去海底捞吃饭，吃完饭人家上了一个果盘，果盘切的西瓜，没吃完结账的时候问服务员能不能带走，服务员说不能带。其实很多餐馆都说是不能带的，结完账以后这个服务员送了整个西瓜给他，说切开的西瓜带回去不卫生，我给你整个西瓜得了。所以我每次去海底捞吃饭都想……我没有试过，大家可以去试一试……这是什么意思呢？其实它讲的是超预期，就是你要的不过就是剩下来切开的几块西瓜，人家给你整个西瓜，是不是远远超出了你的预期？

“所以，口碑的核心不单单是好产品有口碑，或者又好又便宜的产品有口碑，有口碑的其实是超出消费者的预期！我去一个很偏僻的地方，基本没有装修的餐馆，我对它没有预期。对吧！它做的每一件事情都是超预期的，门口有免费的饮料，免费吃的东西，排队的时候还可以打扑克、剪指甲，每件事情都超预期。

“我到迪拜的帆船酒店，全球最高档的地方的时候，我的预期已经被调得很高了，所以无论看什么我都觉得‘一般般’。我今天回想起来也是觉得帆船酒店服务挺好，我进餐厅人家说你是不是第一次来，我说是，他说我带你参观餐厅，给我介绍他们来自世界各地的厨师长，还有一个是苏州去的厨师长，说是专门去的厨师长，厨师长还用中文和你交流，吃完饭结账之后还有一张纪念卡片，说你第一次来我们餐厅，我们送你一张纪念卡片。其实服务非常好，但是跟它1200美元一晚的房费比好像没有超过预期，你比较的时候就要想怎么让客户有超出他的预期，他就能帮助你传播。很多人对这一点理解不够透彻，所以我自己理解，海底捞就是和用户做朋友，超出用户预期。”

同时我们也经常看到雷军强调要做出好产品，这是因为用户希望得到好产品——产品思维的背后是用户思维，这才是本质。

用户思维已经成为小米各级管理者的本能，比如洪锋解释小米的业务模式时，不断强调用户体验、用户价值：

> 最终我们提供的是一个整体体验，不仅是硬件，而是通过软件、通过互联网服务提供整体的用户体验，这一直是我们最关注的一个东西。其实我们关注的更多的是手机能够帮到你什么，能够让你以前那样做的事情变成这样做，我们做了这样那样的功能，其实都是手段。当然我们也做了销售产品所必要的一些元素。但从最终来说，其实我们的价值是在于我们给用户提供什么价值。要实现最后的价值，就不只是硬件，就要和服务、软件一体化地结合在一起。

在洪锋看来，不是为了彰显自己的高大上而创新，创新不是目的，不具有终极价值，满足用户的需求才是问题的本质——这是小米回归商业本质的创新观。

小米决定全力做好传统上不是很受重视的售后服务是用户思维的又一个典型例子，小米网售后总监张剑慧回忆道：

> 阿黎（黎万强）有一次跟我聊，说公司为什么让你来管售后，而不是从外面找一个有传统售后经验的人管售后？

阿黎说，传统的售后人才他见了很多，他面试的时候发现，所有的售后人员第一件事情就是说成本成本成本，要降低成本，这不是这些人的错，只是说他在原先公司里的角色应该这样。

他一再跟我强调，你要用营销的思路考虑你的工作，你们售后不仅仅是成本中心，它有更大的价值，我们会把它看成营销中心。售后是和用户面对面交流的场所和窗口，如果你老想着成本中心，这样省那样省，会影响服务品质的提升。售后跟成本运营有关系，但绝对不是决定性的关系。

公司决策层除了表态，还有实际制度出台。张剑慧对此做了说明：

老板说，在我管的体系里面（工厂、备件中心、小米之家），小米之家是可以赔钱的。小米之家事实上就是赔钱，没有哪一家做这种服务场所的时候赚钱。

现在小米之家开通了配件销售，力求减少亏损。小米之家的两个成本是最大的，一个是运营成本，另外一个是人力成本。现在运营基本上能够自负盈亏了，但人力这块亏损比较大，人力是很大的成本。

黎万强表示：**“如果把这些费用当成口碑营销投入的话，一点都不算多，但是如果看作运营成本，那么再少也不够少。”**

为了保障和用户面对面交流品质，小米愿意赔钱，再次彰显了用户在小米的至高地位。

雷军在“小米的未来智能家庭”演讲中曾经回答关于手机设计美感的问题，也有助于我们理解什么是用户思维。

有位演讲听众说：“以前是工业革命到信息革命，第三个浪潮我觉得应该是感性革命，我们所有的产品不是机械的，而是有情感的，我们未来的产品应该是感性的核心，我们每件产品都是艺术品，无论是家居、手机。我希望小米手机是‘移动的艺术品’。”

雷军先是对感性革命表示认同，然后说明小米手机为什么不能完全朝艺术品方向走：“小米的八个创始人有两个人都是设计背景，我做手机设计的时候，手机工业设计和一般产品工业设计不一样，它今天处于技术爆炸的年代，技术对手机设计有非常大的限制。我们遇到的最大困难在哪里？你想象到了你做不到，因为这里面的技术含量非常高，比如大家喜欢金属材质，它最大的问题是什么？天线信号。我们都想薄，带来的问题就是怎么把相机拍平。国内做得很薄的手机只有不到2千毫安时的电池，只能用半天，看起来很漂亮，但是不实用。所以小米的所有设计是以体验为核心的，首先一定要体验好。电池科技是属于化学领域的，过去进步速度最慢的是电池，整个IT产业进步非常快，但是电池进步非常慢，所以我们受到巨大的限制。当然在这样的限制前提下，我觉得小米作为一个创业公司，对设计是极度重视的，我希望大家一步一步看到我们的进步和进展。”

因为对于用户来说，实用是首位的，所以小米手机先保证实用，再追求美感。这是雷军强调的产品设计里的用户思维。

小米的投资人刘芹曾被记者追问：“关于小米，你最担心的是什么？”刘芹的回答同样体现了用户思维：

“我没有所谓的最担心的，我只能说今天的产业机会对小米而言是好的，我们找到了一条路子，核心是我们能不能持续提供最优的性价比和最好的用户体验给最终用户，我们的机会就在这里，这也是我们的风险所在。如果这家公司丧失了能够持续不断给用户最好体验的能力，这家公司将风险巨大，只要它能抓住主要问题，无论用什么方法，能保持住自己的这种能力，提供最好的用户体验，就有机会，其他的风险，是层出不穷的，源源不断的，如果你总是担心这些问题，那你没法做事情了。”

总之，用户思维的全方位贯彻，是小米区别于传统企业的鲜明特征。

对用户主权要做到“四个诚意”

雷军2014年7月的一篇文章指出了用户主权的三个基本点，10月的演讲“小米的未来智能家庭”对此有进一步的阐述，对广大企业有普遍参考价值，我们将文章和演讲内容串联起来阅读，对用户主权的内涵进行深度理解：

“有朋友开始问我小米的明天能不能持续。作为一个有25年创业经验的IT老兵，我见过无数企业的荣辱兴衰。科技行业发展日新月异，任何企业，只要你不进取，都会遇到波折，这是行业规律。

“但是我认为，无论小米的未来如何，小米创立并实践的小米模式，一定可以持续。

“小米模式是什么？我们讲，小米所实践的互联网模式的核心是‘互联网七字诀’：专注、极致、口碑、快。

“有朋友跟我说：这不就是努力做产品，赢取好口碑的意思吗？好像每一个企业都在这么要求自己啊，为什么小米与众不同？

“我细细想了想，我觉得可能还差一点态度。这个态度对于小米来说，就是诚意。

“第一个诚意，是你能不能拿出诚意来，去倾听用户的意见。

“倾听用户意见这事儿，是个说起来容易做起来难的事情。我们通过互联网渠道，通过社会化媒体，终于打通了企业和用户之间的隔阂，但是蜂拥而至的用户意见又让我们难以抉择。很多时候，用户们的意见之间的分歧和争议是很大的，有的向左，有的向右。怎么才能听懂用户真正想要什么，并且达到用户的要求？

“这要求我们拿出诚意来，真正和用户在一起。

“小米公司上下，从我们合伙人，到产品经理和开发工程师，都直接面对我们的用户，随时接受用户的意见和建议，和用户一起开会，探讨产品需求。刚开始有的同事不理解，说他这么牛的工程师，居然每天要浪费时间去和用户聊QQ，这不是耽误工作吗？我告诉他们，这不是浪费时间，相反，这样的工作让我们能够7×24小时地随时修订我们的产品，确保我们的产品方向始终是符合用户的需求，我们会避免因为我们闭门造车带来的方向性风险，不走错路，这是对时间最大的节约。

“第二个诚意，是你能不能拿出百分之百的诚意做产品。

“中国是一个世界制造大国，拥有丰富业界人才和做产品的经验，最关键的是大家有没有决心下那么大的功夫和投入，去做出一款有诚意的产品。

“我在创办小米的时候，就想我们有没有机会把它办成世界级的伟大公司。换句话说，我们有没有可能办成百年公司、百年基业。我知道百年基业是非常不容易的，我甚至不相信在中国有人能干过百年。我带着这个问题研究了一下，我发现居然有公司干了百年，有三四家，最出名的这家叫‘同仁堂’。我发现同仁堂不是100年，是340年，跨越了几个朝代，经历了多少轮战火还能活下来，我就很好奇凭什么！

“我认为同仁堂能做百年，最最重要的事情是同仁堂的创始人讲的几句话：‘炮制虽繁，必不敢省人工；品味虽贵，必不敢减物力。’第一句就是不要偷工减料，第二句就是工作不偷懒，这两句话合在一起就是‘货真价实’。

“我相信绝大部分的创业者和绝大部分的企业家都希望做到货真价实，那为什么他们的企业做不到百年，文化传承为什么传不下来？同仁堂还有第二句话，‘修合无人见，存心有天知。’就是你做的事情没有人知道，但是上天知道。用这种约束力让同仁堂代代相传，秉承了‘货真价实’的这种经营理念。这是我在办小米之前琢磨得最多的一家公司，给了我很大的启发。

“我就想我们中国做产品给人感觉质量很差，我们能不能竭尽全力做好产品？所以我在做小米手机的时候全部用的是最贵的原材料，最贵的供应商，最贵的组装厂。哪怕像现在卖699的红米也都是富士康生产的，可能大家不知道富士康生产意味着什么，至少对我来说加工成本贵了一倍。贵的东西它的质量要好很多。我们到工厂和供应链看的时候，品质管理、加工细节、做工会遥遥领先。我们刚开始做手机的时候，处理器全部买的高通最贵的处理器，包括所有配置都选的最高端的。

“我在想，我们只有向苹果和三星学习，用全球最好的供应链、最好的原材料、最好的工厂，才有机会做出最好的手机。这句话我可以展开说得更透，只有用最好的供应商，最好的原材料，最好的加工厂，才有机会做出最好的手机。很多人就说，你们都用最好的，但是你们的手机比iPhone差很远，这也没错。我们和苹果的差距还真的是很远，我们需要一代一代的进步，三年前发布小米1，几个月前发布小米4，我觉得小米4已经接近国际顶级水平。并且我有足够的自信告诉大家，我觉得小米的下一代还会往前走一大步。

“第三个诚意，是你做完这样的诚意产品之后，能不能给它定一个有诚意的价格。

“网上有句笑话叫‘别谈钱，谈钱伤感情’。为什么会伤感情呢？因为大多数人谈钱的时候，没诚意，都想着自己占便宜。你要占人家便宜，当然伤感情了。

“当我们用有诚意的态度，做出了有诚意的产品，如果我们不能给出有诚意的定价，当用户要用钱包投票的时候，恐怕是不会埋单的。

“这也能解释为什么市场上有的手机产品做得不错，广告砸得响，宣传做得好，但是最终销量比较起小米却有巨大的差距。根本原因是当用户在网络上单纯地讨论一个产品的时候，自然有多种评判标准，但是当要他们掏自己的腰包来为这个产品埋单的时候，用户看重的就是你的诚意。产品不够好，自然没人愿意买。产品做得不错了，但是如果太贵，用户恐怕也要费心掂量一下，到底值不值？

“我认真参考了1962年美国的一家杂货店沃尔玛，别的杂货店每个东西要挣45%，他说我们能不能挣一半，天天平价，东西就是便宜，就是好，并且我们能不能几十年如一日地天天这样下去。于是它找废旧的仓库改装，总放在城市边缘处，就是因为这样很大的仓库，很偏僻，房租非常便宜，反过来使它的成本很低，它的成本很低，它就具备很强的竞争力，用了四十几年，沃尔玛成为了世界营业额第一的公司。

“卡斯伯这个公司比沃尔玛还要厉害，他们公司的信条是我们任何商品都只赚1%～14%，现在零售商店一般要有30%左右的毛利。卡斯伯的面积只有沃尔玛的平均1/4不到，每一样东西有两三个品牌，但都是最好的，他们只赚一点点，几乎相当于就是他们的进货价，所以看了那个东西好你觉得好你拿着就走了，不需要看价钱。有些从国外回来的人，他们几乎所有的东西都是在卡斯伯买的，他们不在中国买任何的东西。比较而言，在我们中国商场买的东西都会贵好多，甚至好几倍。像美国这样成本这么贵的地方，他们的东西能卖这么便宜，我觉得是因为高效。

“我就想，我们怎么做一个好的东西让中国老百姓买得起？我们手机业的成本到底消耗在什么地方？我进手机商店买手机，一进去没几个客户，八九个促销员。那房租不是成本吗？促销员不是成本吗？你每买一部手机平均100元估计是给促销员和店面的，那这样下来我们的手机能不贵吗？我就在想，如果我能做出一部好手机，我能不能不要渠道，不要店面，不要促销员，什么都不要，全部干掉！能不能成本价直销，甚至不上京东、淘宝，全在我自己开的一个小店，能卖多少是多少，把我的成本控制到非常低，全部通过直销。所以发布小米手机之后，我们办了mi.com，在自己网站上卖，我们同等产品做到国际品牌1/3的价钱，国内品牌不到一半的价钱，我们的成功是靠大量的模式创新做的。下一步我们要把小米网做到全球各地，让世界上每个人，无论国家无论民族无论肤色，都能享受来自中国的科技创新。假如我把这件事情做成，就圆了我18岁的梦想：办一个世界级伟大的公司。

“我们就是通过这样的方式先找了几个市场试了一下，发现奏效。找了哪些市场呢？其实还是发达地区，如我们中国台湾和香港特别行政区及新加坡，去完以后我们在当地都成了前三大最火的手机公司，过去的一年，你发现有些地方苹果普及率接近50%，但也还是有很多人用小米。

“我们有了自信以后，三个月前开始强攻印度。我对负责国际业务的副总裁说，你按三年前小米的模式重来一回，不需要知名度，因为好的产品，便宜的产品，超预期的产品不用广告，不要知名度，从零开始，平地起高楼。现在印度人也天天在排队买小米，经常是3秒钟5万部，4秒钟10万部，反正每周都在秒，他们跟国内一样。

“所谓诚意，诚恳的心意，是不欺人也不自欺。

“我们敞开心扉，和用户交朋友，邀请用户来参观我们的生产线、仓库，和用户一起做产品，创造全新的商业模式，把庞杂的渠道营销费用砍掉，直接以成本定价，给用户提供又好用又便宜的产品，带头重整中国纷杂的Android生态体系，带头建设Android平板的生态圈……

“所以，网络上那些没有诚意的评价是不用去理会的，**只要坚持问自己，有没有诚意听用户的意见，有没有诚意去用最好的材料来做产品，有没有诚意去定一个有诚意的价格？把诚意拿出来，然后，感受到我们诚意的用户，会用他们的钱包来投票。**

“我相信，未来十年，是中国制造企业转型到中国创造的重要十年，这个机遇就好像上世纪80年代之于日本，90年代之于韩国一样。

“只要我们有诚意，未来中国一定会诞生几十家上百家的世界级企业！”

除了以上三点，小米还高度重视服务部门的用户体验。雷军2014年对售后服务合作伙伴们说：“在中国做服务不容易，但我相信做好服务一定能获得好的回报，在手机维修行业一定会产生顺丰，也会产生海底捞，我觉得其中蕴含着巨大的机会。”

因此，服务是实践用户主权的第四个基本点。

在接下来的四节，我们将仔细看看小米是如何做到雷军所说的实践用户主权的四大基本点：诚意倾听用户意见、诚意做好产品、诚意制定价格、诚意做好服务。

“互联网+”让企业真正听到用户心声

黄江吉认为，诚意倾听用户意见，需要企业在心态上做出重大调整：

很多人都听雷总说过一句话，在台风口上猪都可以飞，这句话的核心当然是台风口，这是重点一；但是还有重点二，你是不是真的把自己当成一头猪，当成猪就是你要承认不是什么问题你都知道答案，你不要把自己当作神。

如果你可以把自己当成猪的话，你才会有那个心境去听互联网里面的声音，互联网思维的要点之一是我们怎么跟用户交朋友，交朋友的定义就是我要尊重他们提的意见，要尊重他们认为重要的事情而不是我们认为重要的事情。

以前做产品就是找一拨我们认为最聪明的人，然后在办公室开会做产品规划，下一代产品需要什么样的功能，里面有什么样的创新，很多都是自己关起门来自娱自乐。可能做出来的东西人家哇一下感觉很牛，但是从来都不用，用户根本的需求不在那里。

所以我给创业者的第一个建议就是真正把自己归零，承认自己不是一个神，最极端的就是把自己当成一头猪，如果有这样的心态，我认为多少岁去研究互联网模式都可以。如果突破不了这个心态的话，20岁的人都不可以接受新的思维，因为他们很固化，就是觉得自己很了不起，我已经知道这个怎么做，我就是这方面的专家，有这样浮躁心态的话很难把事情做成。但是哪怕是六七十岁才创业，如果他有这个胸怀的话，加上他那么多年积累的综合实力，有可能做起来反倒得心应手。其实就是把他已经有的那些优势，加上开放的胸怀，得到一些新的思路，综合发挥出来，这样他们的能量是很大的。

参与感相当于"群众路线"

2014年，小米两次被评为全球最具创新力50强企业。雷军认为小米的创新在于，能汇聚几百万用户的意见每周改进MIUI操作系统。

"小米到今年7月1日的时候形成了一个7000万用户群的MIUI用户，这个系统的好处就是小米最大的创新点，它源于一个朴素的想法，就是我原来用诺基亚、摩托罗拉，那些手机我用了就有不方便的地方，我参与金山软件的创办，有机会见到诺基亚、摩托罗拉他们全球研发的老大，他们说有什么不对可以改，他们听完以后觉得有道理，的确是那样的，可是我永远没有见到他们改过。我自己认为我不是普通的发烧友，我自己经营几千人的软件公司，我自己就在做这个，我说我提的意见肯定不是外行的意见。

"所以我就在想，我能不能做一款手机，如果你有意见，告诉我，我觉得有道理，我可不可以立刻就添到我的手机里面。我就是用这样的想法开始做MIUI。我给MIUI定了一个要求，我们需要每一个星期发布一个新的版本，这样你提出的意见只要合理，我一周之内就能改。可能大家对一星期出一个操作系统没有概念，大家可能知道像Windows是五年发一个新的版本，操作系统一星期发一个版本是空前的难题，难在什么地方？如果操作系统不做足够完备的测试，万一有Bug（系统中隐藏未被发现的漏洞），启动不了怎么办？几千万的手机用户就用不了手机，是这个问题。所以传统做操作系统的时候都是要花很长时间测试，所以发布周期非常长。小米最大的创新就是每周能发布一个操作系统，这里面有很多的技术含量。

“有这个技术支撑之后可以做什么？可以在网上号召上百万人提建议，然后通过各种机制筛选出有价值的建议，把这些建议做到产品里。而且做完以后还问你这个功能怎么样，你如果觉得不好可以一版一版地改，直到你满意为止。创办四年来我们每个星期坚持不断风雨无阻地更新，一共发布了二百多个版本。

“我相信在座有很多人在用小米手机，应该还有更多人没有用过小米手机。有人就问我说你这个手机好在什么地方？你给我说说。其实小米在设计理念上是‘集大成设计’，里面有非常多的细微设计非常非常实用。

“我举一些小例子，你去星巴克掏出手机，它弹出信息点一键就可以免费连接星巴克的免费Wi-Fi，不用输密码。不仅仅在星巴克，在高铁、机场餐厅我们都支持，支持四万多个Wi-Fi热点。还有包括你平时用4G、3G、2G时，运营方流量很贵，你用我们的压缩方式传输基本能为你省20%的流量。

“小米不停地在和用户沟通中说我怎么可以改得更好用，怎么让你使用手机变得更轻松。比如大家觉得去医院看病挂号很麻烦，经常要求人，要不一大早去医院排队。我们后来做了一个超级黄页的功能，在手机里你直接打开说挂号就可以指定医院挂号。包括买高铁票、充值，我们直接通过互联网把大量的电话号码和服务直接整合到手机里。因为今天的智能手机就是一个高性能的电脑，它的处理能力其实相当可怕，我们就是把这些东西整合在一起。

“所以我们MIUI的设计理念是什么？易上手，很好用，看起来好看，好精通，集大成，各种各样的功能这里面都有，手机客户群非常广泛，它一定要集大成，要让用户有发现的乐趣，用着用着他就觉得有这么好的功能，要有发现的乐趣。

“谈到这里我还可以给大家说一个功能，红米和红米Note很多人买回去是送给父母用。父母用的时候就会发现屏幕上的字看不清楚，这些看起来很简单的功能他觉得很复杂，我们开发了一个极简模式，特别简单，可以让字号变大，他也可以用微信这样的移动互联网应用，老人家用这个的时候就会觉得我们这个好用，这个简单。

“所以小米就是一点一滴把大家的意见汇聚在一起，其实就是最大限度地把大家的力量和智慧调动在一起做这款手机。我们做完了以后，在国际上很快就有一定的知名度，我们的国际粉丝起来之后他们帮我们在全球推广，包我们做各国的语言版本，甚至把MIUI系统移植到各种手机上，现在MIUI能支持180款手机，都是这些爱好者干的。

“所以我们在网上汇聚了几百万人帮我们做这件事情，今天我们的产品不仅仅是小米的心血，也是数百万米粉一起贡献的作品。这种模式我们叫作‘参与感’，怎么把用户拉过来和你一起做事情，首先是可以帮助你把产品做好，其次更重要的是因为用户参与了这件事情，他有很大的成就感，他会心甘情愿地帮助你把这款手机推荐给他的同学、朋友、家人、同事，他就成了小米的一分子。

“我在很多场合讲这一套东西的时候，很多人还是听不懂，说你能不能用一个更通俗的方式讲给我听。我说好！它有点相当于我党讲的‘群众路线’，你就得相信群众、依赖群众，从群众中来，到群众中去。如果你这么去想的时候，就理解了我们一再谈的‘参与感’是什么样的东西，为什么这个‘参与感’有如此的威力。我们跟消费者是朋友，我们一个小公司三四年前十来个人，什么都没有，但是我们有跟大家做朋友的态度，有愿意不断改善、快速改进的能力，我们就一步一步地火箭般地成长。”

小米“参与感”的起源

做手机的这么多，为什么只有小米想到做“参与感”？黎万强认为这源于小米手机创始人的发烧友背景：

> 我们本身是发烧友，都觉得发烧友就天天喜欢折腾、改装，所以为什么不让大家一起搞呢？这个道理有时候传统企业很难理解，但对我们来说是很天然的。
>
> 我们做手机之前是手机发烧友，对手机都有一堆的想法，每次坐在一起的时候，八九部手机摊在那儿，大家说，这个手机怎么样，那个手机怎么样，饭都顾不上吃，很多时候是这样的，总是晒手机，商量这个手机怎么做会更好。
>
> 那个时候我们想过一些创业的方向，手机是一个方向，电商是一个方向。我们做选择的时候，确实是安静下来想，说哪些事情是大的趋势，又是我们自己喜欢的，找一个平衡，最终选择做手机。
>
> 那时候很自然就说，我们是发烧友，我们就做一款我们自己喜欢的手机。我在想，哪怕发烧友只有几千我也干。
>
> 我们觉得，如果我们做一个发烧友喜欢的手机，可能也会有很多发烧友会想发表观点，我希望手机是什么样子的，

我希望改进它。

参与感就从这个出发点慢慢一点一点做起来。一开始我们也没有归纳参与感这个词，我觉得我们就应该这样子做产品。

刘德从技术和社会环境的角度分析了小米参与感的起源：

苹果的研发是封闭的体系，因为它的IOS系统是封闭的，研发体系也是封闭的。安卓本身的体系是开放的，借助这种开放的方式，我们把研发过程也做到开放，小米打造软件做MIUI的时候做了小蓝本放上去试试，收集意见，这是基于安卓平台的开放，大家才想到，其实可以用完全开放的方式来打造产品。

用户提了一个建议我们会很快改掉，他会是我们研发团队的一部分，他就乐于帮我们传播这个产品。当今中国的年轻人，弥散着一种相对悲情的情绪，网上、电视里做歌手选拔赛也好，还是其他各种节目，年轻人总是哭得稀里哗啦的。年轻人成功的机会相对会少，因此他们弥散着这种悲情的情绪。

但是当他给一家小公司的小产品提了一个意见的时候，他能得到充分的反馈，这样的话他的成就感油然而生，他会觉得在这里面找到了归属感，得到了尊重、信任、正反馈、正能量，他会继续参与小米的产品开发，贡献他的力量。慢慢地，他们发现小米是自己的心灵家园，一个企业和用户之间的互动莫过于成为他们的心灵家园。

这是我们慢慢做着总结出来的，不是一开始就有这个设想这么做，没有人有这样的能力，一开始想清楚这个事太难了。

MIUI是小米公司实践“参与感”的历史起源，研发总监李伟星介绍了他们的做法，值得注意的是他们从实践中得到宝贵经验，不能完全接受用户的建议：

用户的声音比较零散，我们定期通过论坛或者微博搜集他们对MIUI的评论，有一些是基于原有功能的反馈，我们可以做改进，有时候是他们的反馈触发了我们的思考，得到一些新的想法。也有可能用户的反馈完全是一个新功能，他觉得我们该做这个，给我们一些建议，如果发现他的建议是符合我们的价值观的，我们就采纳。

MIUI要求团队成员泡论坛，产品经理主要是看新功能建议这一块，工程师主要就看反馈，就是BUG的那块。要对自己负责的模块的小板块，或者说这个类型的问题，达到一个百分之多少的回复率。如果达不到，你要提醒他赶紧改进。

我们在看的过程中，他会从工程师的角度判断这个问题是怎么样的，会有一些互动的过程，直接答复或者说要他补充一些细节。当时我们确定是个问题的时候，工程师会直接点论坛上一个键，他就自动把这个问题转到BUG管理系统JIRA里面去了，论坛里相关的链接、标题、正文，还有里面带的日志、附件等等会拿过来。这就把外部的论坛和内部的BUG管理系统打通了。

MIUI刚起步时，有很多不完善的地方，用户很容易想到意见、建议，因此我们做的工作很多来自用户的建议。到现在这个阶段，用户的功能建议，我们大多会提前想到。还有一些用户建议是我们没做的，很可能是不符合我们价值观，或是我们针对所有用户作权衡之后，决定不做，而不是我们没想到。

现在这个阶段，我们有多少新功能是用户提出来我们去改进的？可能10%左右。大部分属于我们做了这个功能，用户给我们一些建议，说向哪个方向再改改。

那么，会不会有做新功能的基本想法之后，进论坛去验证大家的想法呢？其实做之前很难验证。我们曾经制作过投票，有些时候得到的反馈不太理想，因为有时候有的东西在你按照他利益做的时候，他可能不会发出声音的，只有当伤害他的利益的时候他才跳出来说。

用百分之百的诚意做产品

雷军是凡客的投资人，他认为凡客从巅峰跌落，真正的错误是对产品失去了敬畏之心：

“我们初期办凡客的时候对品质要求也是很有追求的，但是他们执行的时候可能产品质量越来越差。我去年跟陈年深谈过几次，我跟他说我觉得凡客可能犯了一堆的错误，但是真正的错误是对产品缺少敬畏之心，找几个采购，找几个服装生产厂就干了，大家有一个误解觉得这个产品就是服装厂干的，其实不是，好像这个产品就是某个代工厂干的，其实不是，因为产品是你设计管控的。”

雷军的这番产品感悟，我们需要放在更大的背景中来解读。美国著名营销专家伊塔马尔·西蒙森和艾曼纽·罗森，写了《绝对价值》一书，他们认为互联网带来信息对称后，产品在营销体系中的地位获得了巨大提升。

产品的绝对价值变得容易评估

所谓“绝对价值”，指的是经用户体验的产品质量。比如，在某餐厅的用餐体验，阅读某本书的愉悦感（或枯燥感），使用某款剃须刀时的贴合皮肤感，某款耳机的舒适度，使用某部相机时体验到的实际使用价值。因此，“绝对价值”不仅仅指相机的技术性能参数和稳定性，而是拥有和使用它时的切实感受。

过去，消费者难以在购买前准确评估质量。于是我们所熟知的“市场营销”应运而生，提供各种各样的质量线索，比如品牌、价格、原产国、大量广告等。然而，互联网和新兴科技以一种前所未有的速度改变了商业环境。

当消费者可以在购买前查看到交易记录和消费者评价，通过便捷的专家渠道听到专业意见，利用比价工具找到最便宜的商品，消费者的购买模式彻底改变了，他们不再只忠于一个品牌，并且开始能够判断商品的“绝对价值”：它用起来会是什么样子，它的价格是否虚高。要什么，不要什么，如今消费者决定得更快、更理性。

此类例子层出不穷。比如有位女士在一家大型零售店比较几款视频游戏的价格。销售员运用“相对”策略，把他们想推广的产品放在一款更贵的产品旁边，从而使前者看上去更合算。谁知该女士用智能手机扫描游戏的二维码，发现旁边门店的同款游戏售价还不到这家店的一半（网购甚至更便宜）。

再举个例子，一个年轻人想买一台新电视机。以前，他会参考同品牌过去的使用体验，选择索尼。现在，他更有可能去天猫、京东，或者去点评网站查看用户对各品牌的评论。

十年前去三亚，你要是随口问：“这是什么鱼啊？”老板立刻捞出来摔死，然后说："海鱼，两百一斤。"你想说不买，马上一群人围上来。信息不对称，骗一个是一个，海南省长表态零容忍，也没见治好。现在有了大众点评，瞬间好了，你敢骗一次就没人去了。互联网，专治各种信息不对称。

消费者能够更加轻易地评估绝对价值，这意味着企业营销环境的彻底改变。过去消费者用以推测产品或服务质量的"相对力量"（例如品牌推广、客户忠诚度以及市场定位），已经开始丧失其主导地位。

那么，企业该如何做好"绝对价值"？小米在这方面做了深入探索。

做减法

经过金山和小米的十多年实践，雷军总结的产品思路是做少才能做好：

"很多大公司很贪婪，他们做很多很多事情，做那个事情又不挣钱，所以他们成本越来越高。我们今天大概有7500人，5000人的服务部门，把服务部门拿开，就是call center，仓储啊，维修啊，小米只有2500人，这2500人要干750亿到800亿，全球的人均产出很高很高，人均交税的额度也很高。

"我以前在金山强调聪明加勤奋天下无敌，比你聪明的人比你更勤奋，这是金山自我激励。但是今天我们强调少做事情，因为少做事情你精力可以腾出来把应该做的事情做好，天天看竞争对手干什么，每天很焦虑，焦虑完了有什么用，一不小心就被竞争对手带到沟里去，你想清楚做什么，做最核心的事情，周边的事情交给别人做，相信别人。我们永远在追求很轻的模式，如果我们追求50款、100款，可能得好几万人，效益不一定有今天好，所以少做事情是王道。

“四年半时间我们发布了6款手机，相当于每年只做了一款半手机（注：现在多了高端旗舰产品线“小米Note”）。今天在市场上还在卖的只有4款手机，就是小米3、小米4、红米、红米Note。可能一般的消费者不知道这意味着什么。除了苹果之外，绝大部分的手机巨头，每年都要做50～100款手机，你永远没有可能记住每年他们上市的那些型号叫什么。大家信奉的是，总有一款手机适合你，每个手机厂商都希望做50～100款适合每个人群。三年前我做手机的时候我就这样想，我能不能只做几款手机，对性能、体验非常在乎，能不能面对20～30岁理工科男生做一款手机，让他们发自内心地喜欢这个东西？有这个想法我们就想把每款手机认真做好，就是这个朴素的想法。就是你少做一点事情，把这些事情做到极致就是最好的策略。我们发布小米4的时候看最初做的5款手机都爆棚，这说明什么？当你把事情做少的时候，你才真正有足够的精力把它做好。

“我卖的每一款手机我的包里都有，我几乎每天拿出来用用看看它好在哪里、不好在哪里。红米我们去年7月份发布，到现在为止已经出了2500万部，就是已经卖了2500万部。前不久我又拿了一部量产版用，我想看看我们一年半前的手机现在用起来感受怎么样，其实用起来的效果还是非常非常好的。当你每年做50～100款手机的时候，你不可能认真用自己的产品，如果你自己的产品你没有用过，你卖给消费者的时候就不知道他们的感受是什么样的。

“所以，正是因为我们很专注地只做了6款手机，达成了什么奇迹呢？

“我们2011年底上市，刚上只有两个月就做到5.5亿人民币，2012年上半年、下半年我们每半年画一个曲线，它是一个近乎完美的增长曲线。2012年全年126亿人民币，去年（2013年）全年330亿人民币，我们成为全球创业公司里面最快到10亿美金的公司，最快销售额到100亿美金的公司，它近乎像一个完美曲线一样地增长。”

人力、物力、财力的巨大投入

雷军曾回顾小米做手机的巨大研发资金投入：

“当业内同行都在以6个月为周期推出新品时，小米的每款产品生命周期都在18个月，这在当下，极为罕见。无他，只因为小米做手机付出超乎寻常的努力。

“比如红米这样一款千元机，我们都先后做了两个不同的方案。

第一个方案的体验不能让我们满意，直接放弃，这代表着四千多万元的先期研发就浪费了。这不是个小数目，但只有这样才能做出让人尖叫的产品。在发布前，我们又把999元的定价直接定到799元，才造就了红米在千元机市场王者的地位。

“其实，如今小米的产品，都会准备同时启动好几个方案，在最终推出时选择最优的一个。反复锤炼胜出的产品才能在四年里大踏步前进，工艺、设计才能稳步提升，小米单品长周期的爆款路线才得以实现。”

黄江吉则强调了做出好产品的时间精力的巨大投入：

> 大家都低估了做好产品的难度，做好一个产品其实很不容易。把东西做得可用，这个很多人都能做到，但是把它做到非常好用，而且用起来又非常有满足感，这个是非常难做的。这基本上是靠不断地去抠细节，大家都认为已经做到足够好的前提下还是继续挑剔自己的产品，有这样的态度去做产品的细节，才有可能把那个产品做好。我们觉得打磨产品的时间有可能占到70%，一开始把它搭出一个框架才占20%～30%。在真正打磨后面的细节时，还要引入用户帮我们改善产品，要拿到他们的反馈。我们总是说大数据，其实真正的大数据来自用户，有时候用户的反馈就已经是大数据了。总之，做出好产品第一个复杂的地方

就在于做好产品细节。

MIUI是持续投入时间精力打磨和提升产品细节的典范，李伟星回顾了MIUI每周迭代更新的历史：

MIUI每周更新真的是历史很悠久，从MIUI刚刚开始做的时候，它的开发基调就定了，肯定是通过互联网的方式不断更新，只是一开始没有说每周更新什么的。我们做了一段时间发现，其实我们有机会比较迅速地更新，能够快速得到反馈。我们当时参考了别的互联网产品，比如google，它没有周的概念，就是不断更新。我们从技术上评估了一下，觉得快速更新是可行的，接下来就是我们自己的工程质量把握问题了，所以我们就给自己定了一个目标，说要每周更新。从MIUI的第一版开始，2010年8月，就每周更新。

小米是中国第一家用互联网方式做大型软件的科技公司。几个公司创始人都是软件背景，所以他们是以软件的思路思考手机的事情。APP可以做到每周、每天迭代，做杀毒软件也可以每天做病毒库更新。后来他们就挑战操作系统的每周迭代。

现在MIUI有极少数发烧友在用的体验版，以及有几百万人在用的开发版。体验版非常不稳定，但是能看到最新的功能。我们每周五发布的是上周五在体验版相对稳定下来的功能，有可能是一个月前做的，但是它一直不稳定，等到它稳定了才把它拉到开发版去。多弄一个体验版，工程开发的工作量相应增加了一点，但是综合来看，还是合算的，不然开发版更新的稳定性保证不了，修复就成问题了。

我们每周五发出去一个新版本，用户周末用了两天，然后下周一（现在是周二），发个投票活动，用户投票支持哪些新功能。用户投完票之后，就是我们工程师内部自娱自乐的时候，这个功能用户喜欢了，我们内部发个爆米花奖，活跃一下气氛，同时把用户跟工程师的互动着重地在团队内渲染一下，让工程师们感受到用户给他们带来的喜悦，我觉得这个很重要。

做出好产品需要投入无数的人力、物力、财力，这也要求对产品做减法，毕竟公司的资源是有限的。

“互联网+”时代要对渠道和推广做减法

黎万强在一次访谈中说，小米的成功在于几个老男人在正确的时间做了一件感兴趣的事情：**“其实创业也没有很复杂，只要朝着正确的方向坚持下去就是了。小米就做了一件事情，坚持用2000元的价格做出高性价比的手机。”**

刘芹也认为性价比是小米的核心价值："做营销很关键一点就是，你能不能把你产品最核心的价值用极简洁的语言2～3秒把它说明白。如果你做不到，说明你没有提炼清楚。像小米手机的核心价值是什么，就是性价比。那个时候老跑分，就是强化性能认知。为什么是1999元？是性价比价格的承载。"

小米一方面投入巨大的人力、物力、财力，一方面又要把价格做到极致，这个商业魔术是怎么变出来的？

黎万强从成本控制和盈利模式两个角度分析小米的极致价格：

> 在数码产品这个领域，发烧友认可的产品都代表好的品质，但除了小米的手机，比如我们看相机，你会发现发烧友喜欢的东西很好，但价格也都无比贵。但是小米把价格又拦腰砍一刀的时候大家就疯了，东西超好又超便宜，这个没人会拒绝，老百姓也不是傻瓜。
>
> 为什么在以前，超好的东西不能卖超便宜呢？因为小米有一套完整的新打法。
>
> 第一，我们认为手机不能靠硬件来赚钱，是靠后续业务来赚钱的，我觉得很自豪的事情是卖出去200万套的毛绒玩具。所以我们敢于价格裸奔，如果没有这样的想法，你会想，为什么不定2500元呢，多赚500元。对我们来说，成本价就行了，这是一个很重要的思路。

第二，你要想保持竞争力，要把每个毛巾都要拧干，比如把渠道费拧干，渠道费用会占价格的10%～20%，有时候黑一点点30%，我们用互联网直销把渠道的费用拧干。

第三，就是把市场的费用拧干，自己做自媒体。

第四，控制运营成本，经常招能干的人，并且给他长远回报，不是短期回报。我们早期的工程师，他们在微软、金山拿两三万、三四万块钱的工资的时候，来小米可能就一万块钱。

从方方面面下手，每个毛巾都拧干，我们的优势不就出来了吗？

所以很多时候外面人讲，小米做得好，粗看是营销，细看是产品。我跟他们讲，拿放大镜看是商业模式。

这个商业模式带来超高性价比，超高性价比又带来超级销量，超级销量帮助小米解决了无数企业很头疼的供应链问题。

雷军曾在一次采访中提到小米做手机遇到的供应链压力：

“硬件创业公司初期都会受到非常大的供应链的困难和问题，小米的初期也遇到了同样的困难，我记得三年前这个时候我们每天只能供应一千部，真的每天被骂得要死，收了三十万订单，每天交付一千部，这真的把人整崩溃了。我觉得每家硬件创业公司在初期都有巨大的压力，我希望大家都能挺过这个阶段迎来规模化的一天。”

刘芹认为，小米靠自己的商业模式把供应链的难度极大地降低了：

> 我们是小公司，雷军找了一条循序渐进的路。那时候日本地震了，还有核辐射，雷军地震之后还敢去日本找夏普谈产能，这说明什么？其实谈下供应商还是挺难的。但是以你的努力，你总是能说服一些人。雷军当时一定要找一线的供应商，说服他们给一定的产能。大家可能被你一来二去的诚意打动，可能就说给你产能试一把吧。也许人家给你5万部，你说一定要给我10万部，很多供应商的心态是我答应你，但也许就给你准备3万部。因为这么多手机公司，每个人都吹牛说卖100万部，最后都是三五万部。我觉得小米是咬牙说10万部，预售一下子变成35万部，30万部的时候不敢再卖了，几分钟之内就爆掉了。我觉得是我们这种颠覆性的模式震撼了供应链。雷军那时候也讲了口碑来自超预期，超预期第一点是管理预期，所以小米之所以一点一点地在释放自己的价值，是有原因的。因此我们这个模式是建立很好的口碑，其实是让用户建立一个预期，然后超出这个预期。也超出了供应商的预期。

言归正传，我们接下来就从成本和盈利两个角度来细看小米的商业模式。

小米的成本控制

小米将产品实际生产成本之外的其他成本全部归零，零渠道费、零营销费，并借助于互联网预售模式，将库存风险降至最低，没有了这些成本之后，小米再以成本价销售手机，将价格做到极致。极致价格带来规模销售，采购规模的庞大会降低采购价格，这又反过来帮助小米降低了生产成本。

雷军高度重视互联网直销带给用户的价格实惠：

“可以肯定的是，我们不会采取传统的渠道模式和传统的店面模式，我们到底要不要办像苹果店那样的旗舰店来做形象展示和产品体验，这点我们的确在考虑，但是我不想做传统的零售店。如果我要做传统零售店的话，我觉得小米现在的零售价大概要再加30%～40%，无论流程怎么优化我们价钱都要涨30～40%，我相信这不是大家愿意的。所以回过头来，我们还是应该扩大产能，鼓励大家从网上直接下订单，我们现在只要有货的前提下，90%以上的订单24小时之内能预约，今天订明天一定能送。”

由于领导层的高度重视，只用三年，小米电商就完成了从零到第三大电商平台的神速晋级。伴随小米销售额的飞速增长，小米产品线的扩充，小米还可能超越京东成为第二大电商平台。

在小米手机发售的初期，供应链的短板使小米背上了“饥饿营销”的骂名，也难以充分发挥电商渠道的优势，直接拖累了小米网的发展。2013年之后，小米手机不限量购买和配件大规模优惠间接表明小米已在供应链、仓储和物流方面有较大提升，小米电商也开始了大扩张。

2013年的“双十一”，小米摘取天猫单店销售额、手机单品销售额、手机品牌关注度等四项第一。

步入2014年，小米电视、路由器、手环等产品的发布和开售丰富了小米电商平台的属性。小米电商也被雷军赋予更重要的使命，其中包括承载部分国际化使命。小米砸360万美元购得“mi.com”新域名，并经历两次网站大小改版。黎万强坦言小米本质上是一家电商企业。

2014年的“双十一”，小米把16000mAh移动电源放在天猫首发，小米还放出大招，宣布红米系列（1S和Note）全线降价，并推出小米4特别版（1799元）。

全力投入“双十一”战役的雷军跟大家分享了好消息：

“天猫‘双十一’创造了两个吉尼斯的纪录，我们是天猫店单店销售排名第一的公司，销售了15.6亿人民币的产品，约占整个天猫全店的3%左右。还有一个数字挺恐怖的，天猫店一天创造了吉尼斯世界纪录，卖了189万部手机，其中小米占了116万，占61.3%。

“在那一天除了手机之外，我们电视单品第一，平板第一，穿戴设备第一。我看到我们同行的一个老总在朋友圈里面发牢骚，说我们成功地把天猫店办成了小米店。

“其实那一天不是小米卖手机最多的一天，我们在今年年初的小米米粉节上，一天卖了130万部手机。”

小贴士

刘强东：小米的成功核心还是把供应链的效率提升了，降低了成本。传统卖手机的都要通过渠道，因为品牌商不直接接触用户，而采用层层批发的方式。

黄江吉从产品元配件取舍的角度分析了小米的生产成本控制：

有件复杂的事是非常精准地做出关于好产品的定义。

我们都觉得苹果是很了不起的公司，但是你发现它在做产品上面，需要做艰难的决定的机会并不多，因为它基本上什么地方都是用最贵的材料、最贵的元配件，不管用户需不需要用这么好的材料和配件，或者他们是不是有这个需求，他们全部放进去，然后让用户为这个超级贵的产品埋单。这就注定苹果不是让每个人都可以享受到好产品的乐趣，它只是给一小部分人的，我们称之为高大上的用户、负担得起的人去享受科技的乐趣。

小米做出好产品的复杂之处是什么呢？我们是要让全部人都可以享受科技的乐趣，意思就是我们怎样把用户最关心的需求做到极致，把他们不需要用的东西很大胆地去掉。在用户很关心的地方一定要做到非常极致，但同时要做到他们可以买得起，如何达到这个平衡？

因此，在做产品上面小米要面对的困难比苹果面对的还多。苹果基本上是怎么贵怎么来，有什么好东西都丢进去，到最后用户埋单，你买得起就买，买不起就算了。我们不是，我们认为好的东西，广大用户都需要才是最重要的，让每个用户、每个老百姓都可以负担得起，都能买到好产品，这个难度非常非常大。

我们不只在产品的定义上面，还在硬件、软件方面都要做很多这样的取舍。其实小米的模式，销售时把中间渠道干掉，推广时通过口碑传播把全部的广告费返还给用户，这些都是为了帮助我们达成那个根本目标，我们的口号是让每个人都可以享受科技的乐趣，我们做的很多事情就是围绕这个目标。这句话听起来有点虚，但你看小米的产品，我们真的是把很高大上的产品拉低到老百姓可以负担得起，让全民都可以用手环，全民都可以用高端智能手机，这就是我们想做的。

小米让人非常崇拜的就是它没花钱做推广，黎万强回顾了其中的心路历程：

我们是2010年4月6日成立公司的，但第一次媒体沟通会是一年半以后——2011年7月12日——第一次向外公布说我们要做手机。

为什么一年半以后才对外公布？雷总在创办这家公司的时候，我们就一起做了一个决定，这个公司要真的靠产品来说话，不要在创立公司的时候炒作，定了这样一个基调。你也可以说是我们老男人创业压力比较大，雷总开玩笑讲，我们不在创业之初炒作，如果没有做成就跟没做过一样。

刘芹在访谈中也提到了雷军的这个心态：

能够看得出来雷军还是有点纠结的，如果创业失败怎么办，做不成怎么办？

我能看得出来雷军对创业有那种敬畏感，或者说他没有回避自己对于创业的纠结。我觉得挺好的，你能够把你的纠结释放掉，才会让你变得没有包袱。

我觉得雷军可能在那个时候，更大的关注点不是这个事值不值得干、这个事怎么干，或者说这个事情干成的可能性会不会足够大，可能他纠结的是怎么组队，我创业会不会有一些风险。第二次创业的人其实会有一些挑战，是初次创业者所没有的，你的心态怎么样，你还有没有勇气去创业。当时的雷军就是在这种纠结中。

万一演砸了自己能否接受这个过程。当时金山不管怎么样还算是成功上市的公司，天使投资人雷军做得也不错，真的需要这样去做这个事情，自己还能拿得下来吗？还能够搞得定这些事吗？还能像普通创业者一样有很强的执行能力吗？真的开练的时候会怎么样呢？我多多少少能够感觉到雷军在这些方面有一定的纠结感。

小米后面没有大张旗鼓地去宣传，一般人会说雷军创业还不搞个新闻发布会？一方面是因为这个事的风险也很高，另一方面，对这个事情的难度和能不能做成他还是一种试错的心态。

除了创业心态因素，黎万强认为小米不花钱做推广，主要是因为雷军的口碑营销理念：

做MIUI的时候，雷总的要求是我们能不能真的靠口碑做传播。所以MIUI做到50万用户的时候，没有花市场费用，没做任何的广告投放。那个项目基本就是靠论坛，靠一个个发烧友，他觉得好，他就去传播扩散。

到了做手机的时候，我们尝试找了很多人，但是很多做传统营销过来的人，对小米这套打法很难理解，一上来就说你要花钱，你要给店，没有运营商的关系，去搞关系。他们很难理解我们想通过新媒体、通过口碑来做传播的这种思路，所以后来被迫自己干。

一开始我也提过一个方案，要不我们向凡客学习，多多少少投点广告，那时候做了3000万的案子，主要是投路牌的，但是雷总还是一下拍死了。他大概的意思是，既然我们的MIUI没有花一分钱都能做成，为什么做手机不行？所以小米手机这套打法，其实背后是因为雷总相信是可以通过口碑来驱动的。

原小米之家贵阳店长曾鸣有几个印象深刻的口碑传播案例：

贵阳小米之家所在的那一层楼有一个女孩，她是记者，买了一部小米手机，后来她的日报社80%的人全用了小米。她对我说：“我们报社人都说我有提成，你要不要送我一点东西？另外我们领导买了一个小米盒子，你能给我们讲一下那个怎么用吗？还有体感游戏怎么玩儿啊？”我说：“没问题啊，找个休息时间，我们的体验师去你们的办公室给你们讲一下。”结果到我们周二上班的时候，报社来了三个人，有一个是办公室主任，对我说：“你们不用去了，我们自己过来学，我们打算每一层楼装一个小米盒子。”现在我回北京以后，他们还隔三岔五找我买平板、买电视、买手机。每买一次那个女记者都会跟我说，同事都问她到底有没有拿提成。她每次买了新产品用了以后，身边的人就会觉得，哎，这个挺好，你给我看看，我也买一部，就这样一直传播下去。我们自己的亲戚、朋友，还有米粉、用户都是这样的，朋友圈里都会这样传播。

还有我认识的一个人也是这样，她是工商银行的，她当初买小米，是想给她婆婆买一个性价比比较高的手机。有一次她的苹果手机坏了，借她婆婆的过来用。用了以后她发现很好用，她说我把苹果手机修好了，但现在我自己用小米了。而且我给我们办公室的人都宣传了，他们全都要换小米，把苹果给老人了。很多用户喜欢MIUI的操作体验，成为了米粉。

小贴士

刘芹：我的一个挺大的惊喜在于，不花钱推广小米这件事情，有很多创新的颠覆点，超出我预期的百分之两三百，有这个想法，还能做得这么到位。虽然我们前面都讨论过，但是能做到这一点，体现了说到做到和超额完成任务的执行能力。这跟找到极其优秀的人有很大关系。创业的各个因素之间是相关的，小米这个模式的难度在于它是高耦合度的，每件事情你要做到几乎完美的执行。

从3000万的方案到不花钱推广手机，这听上去是不可能完成的任务，后来是怎么做到的？

黎万强回顾道：

首先，MIUI的成功至少让我们有一定的信心，我们已经摸索出在论坛上、在微博上做运营、做市场的一套有效打法。比如我们每个月都会做一个视频，来介绍MIUI的功能，那个视频做得很炫，视频的每次拉动率都很大。你只要把内容做好，用户会抢着看，觉得很酷很酷。

我觉得创业最忌讳一点，你太依赖于你以往的资源。我从第一年做手机销售，直到今天为止，手里的资源基本都没怎么用，比如在雷总投资的凡客上挂一个小米手机的导航，那时候凡客流量还不错，或者死皮赖脸地赖着雷总投资的UC浏览器给我搞一个，但是我们一直都没有这样做。先把自己的方法用尽了再说，这样会倒逼着你拼命去做。

为什么在成熟公司里面的创业，老是说你应对资源，短期很奏效，但是从本质来讲，这都不是靠产品拉起来的，反而容易挂掉。小米的成功，说真的雷总的这种敬畏之心很关键。很多时候创业者没有进行清空，没有敬畏之心，就挂掉了。用钱解决的问题，用资源解决的问题其实都是锦上添花的事情。

其次，MIUI积累了几十万种子用户，这很关键，我们一宣布要做手机的时候，第一次预订的那天是32万，那个时候没有黄牛这个说法，肯定是真实的用户。那时候没想过有这么多，估计会有5万、10万预订，结果远超了好几倍的预期，无法想象。小米刚开始宣布要做手机的时候，当时圈内的猜测是一年卖个三五万部就很了不起了。

那个时候我就第一个带头，傻乎乎地抱着显示器照了张照片，因为我觉得预约数量是个很关键的事，后来每个人都抱着显示器照了一张照片，很傻。

7月12日小米在北京后海做了一个小型的发布会，宣布要做手机。7月19日的时候，我们摩托罗拉的人、三星的人、HTC、手机中国的人，大家坐一块儿聊，说猜小米手机卖多少啊？有人说吹破牛皮反正不用交税，说小米能卖12万部。大多数人认为一两万部不错了。他们说你们要做发烧友，假如20%买你，一个月买几千部，那么一年就卖几万部，怎么搞？事实上发烧友的力量比大家想象的大。

所以我觉得MIUI一年的运营形成的种子用户，对于小米手机迈出第一步是很关键的。

刘芹也特别强调了MIUI发烧友的作用：

“我特别能理解我们2011年一上线就卖掉那么多手机，根本原因在于，这部手机对于这些种子用户而言，其实已经发布了，他们其实已经翘首以盼了一年时间了，绝不是一场新闻发布会能创造的这么强的效果。其实这是一个很聪明的营销方法，50万的MIUI用户是什么意思呢？这些用户其实都是拿着自己买的HTC、摩托罗拉、三星手机，是竞争对手的用户，是竞争对手的份额。其实在没有卖一部手机的情况下我已经转换了50万的市场份额。

“那个时候稍有不慎刷MIUI系统就变成砖头了，搞IT的都知道，刷操作系统刷不好就恢复不了，是不可逆的，风险很高。那为什么那些人那么热爱MIUI呢？他其实不是热爱MIUI，那个时候还没有小米这个公司，他其实热爱自己的参与感，这个是阿黎（黎万强）所说的参与感的核心秘密。其实营销在还没有卖手机的时候已经打响一年了，而且我们的营销不是传统营销。

“MIUI的粉丝真的对这个东西有热情，那是他们自己参与进来的。所以当你告诉他说我们还出了手机，又是这种低价格，那些发烧友对于手机配置是耳熟能详的，他知道这些东西是什么样的档次，什么样的感觉，然后他又有对小米的情感投入，一拥而入来抢购，一下就把我们的小米手机销售网站搞挂掉了，不得不停止预售。”

刘芹的最后一段分析，已经涉及了黎万强着重阐述的第三个因素，那就是产品和价格的超预期带来的强大营销势能：

> 小米每一次营销的成功，产品是另外一条很重要的腿。当初我们在定义产品的时候，第一个是做爆品，只做一款，第二是在做爆品的时候切入点很准，就是主打性能，就是要快。这个点很精准地打进去以后，真正的用户就会很兴奋，觉得这个手机这么快，这么好。发烧友那时候最关注的就是性能，我们硬件的配置，和MIUI的优化，都给了他们很大的信心，很大的兴趣，说这个手机很适合我用。然后1999的价格一宣布，那个时候他们的心理价位肯定都是3000以上的，一下就把心理预期给击穿了。
>
> 我们真的踏踏实实为发烧友而生，真的是在满足发烧友想要的性能，比如用了中国首款双核的CPU，在当时那些参数都是最高的配置。
>
> 我们那时候也有短板，我们的工艺和设计真的是有很大的差距，但那个时候做产品，单点突破很重要，你真的挑准那个点，真的打透就够了。其他东西你都可以慢慢来，大家都可以忽略的。

单点突破是做产品很重要的一个思路。单点突破超出了大家的期望值，在营销上面就取了一个很高的势。这种俯冲而下就要选择传播速度最快的新媒体，不必选择原来投钱发广告的媒体。因为你的东西足够好，你不用编故事了，大家愿意在社交网络上传播开来，这就很省钱。如果产品没有足够的话题性，你就要铺广告，要用明星砸，来取得曝光度，这是很痛苦的。

所以，运用社交媒体正确的做法应该是什么？它是放大器，你一定要这个产品本身好、素材好、故事好，只是拿社交媒体做了加速和放大，不能对它有更多的期待。如果学小米只学营销，后面的产品、商业模式不跟上，其实挺痛苦的。

现在很多企业关心低成本、高效率的新媒体推广的具体做法。小米网新媒体总监钟雨飞认为小米的新媒体能做起来，有三个最重要的原因：

第一是源于产品的热度，产品很有性价比，我们在网上说产品，用户感兴趣。

第二，我觉得这是最核心的，可能占到成功因素的70%～80%，我们当初对微博的定位，我觉得做得还不错。

我们当初做微博想影响的人，基本有两类：一类是我们的用户；第二类是对我们比较关注的媒体、同行之类的，我们没想到把它扩张到更远。

我们的微博从那个时候开始，基本定了一个基调，不去发一些不相关的心灵鸡汤、小段子。阿黎有一个性格，就是他很多事情不武断，他找我们商量，是不是少发或者尽量不发段子，去控制自己的欲望。我说没事，阿黎，可能你这个观点是对的。

之所以不发段子，我们还是想让关注我们的用户只是对小米感兴趣。我们那个时候没想到把普通用户大量吸引过来，就想拉一些对我们确实比较感兴趣的用户，拉一些活跃的用户过来。我们正好歪打正着了，那个时候积累的用户是特别活跃的。

我们帐号的内容中，公司的销售活动比较多一点，传播一些公司的开放购买、产品信息之类的活动。我们帐号的用户定位很精准了，他们已经很喜欢小米了，那么我们发的产品和活动信息的点击量、转发量都能做到很高。

第三，我觉得我们互动的环节做得不错。那时微博热度高，很多用户都能看我们的微博，能发表自己的意见，那时我们用户量比较少，我们也能给他们实时评论、反馈。

我们也很关注用户的内容，用户跟小米相关的精彩微博，我们也去转发，跟用户互动。这个内容占我们的三分之一到四分之一的比例。这样做的目的是什么？让用户看到，小米公司都转发他的微博了，用户会非常高兴。我们是鼓励用户@我们的。

我们认为一个核心的运营原则是，微博内容要跟用户有关系。我举个例子，比如很多饭馆的微博帐号，你觉得不好的原因，是它频繁地转发用户的内容，比如我今天去全聚德吃了顿饭，发了个微博，全聚德官方微博觉得不错，就会转，再写一句欢迎大家来品尝，他们天天转。这个内容被转发，其实对我来说，我挺高兴的，但是对其他用户并不一定有用。你吃得好，关我什么事。

这样的转发是有问题的，因为这是跟其他用户没关系的。你可以从另外一个角度来转发，比如同样转这条微博，我可以这么写，非常感谢，我们最近又推出了三个新品，大家觉得这三个新品怎么样。这样用户就感兴趣了。这就是我的核心原则，就是我们发的东西，包括我们发的产品信息，要跟广大用户有关系、对他们有帮助。

产品、定位、互动这三点做新媒体的同行多少有所体会，钟雨飞揭示的以下玩法就是不少人没想到的了：

微博的用户，跟你的关系链没有那么强，所以我们的微博很想做老用户反馈，这个就很少。那我们就长期积累挑选出80多人，我们号称是“100个铁杆米粉”，关系非常好，我们平时的发布会、活动、过生日，他们都会聊。他们有时候也骂我们，新产品又没抢到，这个很烂，因为都很熟，就吐槽。我们要维持这100个铁杆粉丝的关系，专门有一个人做这个事情。

他们这些人不一定有很大的影响力。比如需要拉名人、专家进来的时候，他们就没有精力做这个事情，还有他们有自己的圈子和面子，不会做这个事。

但是这些铁杆米粉在发烧友这个圈子很有影响力，比如小仙仙、雪糕，这些人在我们的米粉圈子一提起来别人都知道。

我们目前维护的是80个左右，最核心的二三十个是不会动的，其他五六十个会不停地出去、进来，不断地更新，这个圈子影响挺广的，对我们拓展新用户很有用。我们统计过，我们80个铁杆米粉影响的粉丝是17万左右。

除了微博铁粉拉新，我们还是用活动和传播的方式拉新。我们在微博上曝光率都挺大的。我们微博的曝光次数是五点几个亿，我们有一条微博，单天5个小时转发了79万。论坛没法这样传播出去，微博拉新的作用是非常棒的。

产品是战略，宣传是战术，战术上我们实际上只有一个核心做法，做第一。比如我们选择新浪，他这个平台原来没有做过，肯定要做第一。又比如在微博上卖手机，做微博商业化的第一单，我们比较强调这个点。我们会跟合作的平台协商好了，这个事件本身就有很大的传播量和制高点。QQ空间也是这样的，也是第一，1500万人抢购。微信支付我们也是第一单。微信推了消息，让1.75亿人看到了抢购活动，我们的微信帐号那天增加了三四百万订阅户，微信支付则捆绑了180多万用户。这是共赢的活动。

小米的"零消费"策略

我们要真正读懂小米的成本、价格模式，需要理论的视野。

美国哈佛商学院著名教授克莱顿·克里斯坦森在其杰作《创新者的解答》中提出了破坏性新创新的实施路径：破坏性创新者不会去尝试为现有的市场客户提供更好的产品。他们更倾向于通过引入稍逊一筹的产品或服务来破坏和重新定义当前市场。但是，破坏性创新技术的好处在于——简单、便捷、成本低，从而迎合低端客户的需求，这一点是显而易见的。

新市场破坏策略可以被称为"零消费"策略，新市场破坏性产品本身从价格上来说就十分易于被接受，而且也很便于使用，因此，它们很轻松就创造了一代全新的使用人群。索尼公司和个人电脑公司合作生产的第一代便携式晶体管收音机就是新市场破坏性创新产品，它们的客户全都是新客户——这些客户从未购买或使用过之前的产品和服务。佳能公司的桌面复印机也是这样一种新市场破坏性产品，人们能够用这种复印机很便利地在办公室一角自行复印，不用再跑到公司总部的高速复印机上让专业技术人员代为操作了。当佳能公司使复印变得如此简单之后，人们也开始复印更多的东西了。新市场破坏者们面临的挑战不是要攻克市场领先者，而是如何使新的价值网络摆脱"零消费"的状态。

小米进军智能手机市场，不是直接和苹果、三星争抢高价智能手机用户，而是以高性价比使得几千万从未使用过智能手机的人群成为智能手机的新用户，这是"零消费"策略的典型案例。

小米不是像克里斯坦森所说的简单地做个"稍逊一筹"的产品。雷军曾阐述小米在产品上先做"单点突破"，再做迭代更新的策略：

"大家看到我们这三年产品进步很快，如果一上来定一个巨高的标准，根本做不到，可能搞死了。上来我只做了一个标准，就是全球速度最快，小米手机就是要快，我们只抓一点，我们都兑现了，我们速度快。因为你创业的时候你要做好手机要求很多，你一上来就能做到？做不到。所以要专注在一两个点突破，小米的第一个突破点就是速度最快，配置最高，跟顶级供应商合作。最近两年我们在抓做工，抓品质，抓设计，我觉得是一代一代迭代的，这就是小米走过来的路。”

小米的产品升级历程和成为全球第三大智能手机厂商的现实，颇为符合克里斯坦森的另一论断：

> 破坏性创新产品一旦在新市场或低端市场站稳脚跟，就会开始启动其自身的改良周期。因为技术进步的步伐总是远远超过客户的实际使用能力，那么那些当前“不够成熟”的技术反而在通过改良后，最终恰好能切合更高级别客户的实际需求。这样一来，破坏者就走上了一条最终打败先行者的道路。对于想要创立新成长业务的创新者来说，这个区别十分重要。业内领头羊往往能通过延续性创新来赢得市场，但是在破坏性创新的战斗中，胜者多是新手。

小米的盈利模式

小米是在做企业，不会没有利润目标，以成本价销售手机的背后，自然有一套盈利模式。

消费者买了小米手机，会利用其操作系统MIUI开发的各种功能：去“主题风格”下载主题，去“游戏中心”下载手游，去“多看”看书，去“小米商城”购买各种小米品牌商品，还会通过“黄页”和“小米生活”去吃喝玩乐。有了这么多高黏性的内容和服务，小米未来会有源源不断的收入和利润。

雷军在2014年11月第七届中国版权年会上发表演讲，阐述了小米用超低价获取海量用户之后的盈利模式和具体案例：

“今年第三季度IDC等三四家国际知名调查公司的数据表明，小米手机在中国市场的份额已经处在第一位，全球第三。

“作为一个创业公司，三年前是零，在一个竞争极度激烈的市场里面，前面有苹果、三星，后面有联想、华为这些优秀的企业，一家刚刚创业的公司，从零起步在不到三年的时间，成为世界第三，这一点让我自己也觉得无比自豪。

“在这些数字的背后我想说什么呢？我想说的是小米所开创的这个模式的核心，实际上就是互联网模式，用接近成本的定价，用硬件来架构平台的模式是可行的。我们预计今年大概会销售6000万部到7000万部手机，我觉得我们明年有机会突破一亿部。

“如果我们能突破一亿部的话，除了苹果、三星之外，是全球第一家突破一亿部的公司。当这个平台成型以后，我们的硬件将接近成本定价，里面的毛利非常低，如果有毛利的话也是靠大规模的生产制造来降低成本的。同时，整个公司要保持极高的运作项目才有机会盈利，这个盈利绝非是投资者投了那么多美元想要达到的目的，所以，小米一定要坚定地走互联网平台的道路。

“如果要走平台，那么用户在这里面消费的是什么呢？是内容，是版权，所以在这一点上我就举几个小的例子。

“第一，我们在几年前就在做阅读，我们可能跟盛大文学走的路不一样，我们做的是正式出版物的精品阅读。所以我们的平台叫多看阅读，我们的多看阅读跟国内三百多家出版社在合作，每一本书都得到了独立的授权，每一本书单独分成，基本上是出版社定价，出版社和作者拿大头，我们拿小头。

“到三季度底结束的时候，我们的书城里面已经超过了5万本书，而且我们这些书全部是使用了排版引擎排版，所以在手机和平板上都有极好的阅读体验，也能内嵌图片、声音、视频，而且全部支持各种复杂的排版。

“盛大文学是针对互联网做的网络文学，这点他们做得非常好，我们的目标是把传统的出版物电子化，用很强的技术，把原有的出版物很轻松地搬到互联网上。

“经过两三年的努力，多看阅读在精品阅读领域里面取得了非常好的口碑，也有了一定的规模，这是我们在图书版权方面做的工作。当我们的电视和盒子的销量到了一定程度以后，视频内容也成了我们最关注的东西。

“经过这么多年的发展，大家都做得很好，小米是从零开始做，还是跟大家合作，我们想尽量少做事情，尽量和大家合作，所以前段时间我们邀请了新浪的前总编辑陈彤加入小米，第一件事情就是给他十亿美元内容的投资基金，希望能跟大家合作，一步一步地把这些优质的内容，安在小米平台上，让用户能够看到这些内容。

“所以这是我们做的第二步，我们这个平台上还可以做各种各样的内容。再举一个例子，手机是一个高度个性化的内容。四年前我们有一个很重要的特色叫主题桌面，让每一个人的手机都与众不同，如果这件事情全部自己干的话，可能要累死，所以我们在互联网上号召了很多的设计师，帮我们做各种各样有趣的设计。

“在去年12月，有一个大学生业余经常帮我们做设计，做得很好以后，通过版权的分享机制，他甚至开了一家公司，雇了十几个设计师，专门替小米手机做各种设计。我们周围有上万的设计师在帮我们设计各种各样的主题、桌面、图标，我们通过众筹的模式使小米手机在个性化的定制里面做得非常出色。

“在这一点上我们作为一个硬件终端的公司，想做互联网平台，因为这个出发点，我们非常希望跟版权内容合作，帮助大家一起繁荣整个市场，也进一步改善我们的用户体验。我们就是这么一个思路。”

“互联网+”时代要推行“非标化”服务

在用户主权时代，除了诚意倾听用户意见、诚意做好产品、诚意制定价格，提升客户体验还有一个重要环节——诚意做好服务。在小米的电商发展进程中，卓越的售后服务是其胜出京东和天猫的一大亮点。

黎万强在访谈中举了个小米的服务小案例：

> 比如我这两天碰到一个人，他反映中国移动在大陆发的卡和香港发的卡不一样，我说这个问题我可以找MIUI的同事帮你处理。那周五MIUI的开发版里面就把这个问题给解决掉了。他很高兴，回了个邮件，说他从来没有想到过我们的反馈这么及时，处理问题又这么及时。他觉得自己受到了充分的尊重。

雷军表示：“用极致思维提升售后服务水平，践行‘与用户交朋友’的理念，并树立新的行业服务标准，将是小米在2014年最重要的一项任务。”

小米正尝试用一种更具“参与感”和“人性化”的“非标准服务”，重新制定手机行业的服务规则，它的很多方法对其他行业的企业也颇有参考意义。

售后服务如何实践“参与感”

2014年6月10日，小米启动了为期一个月的“小米服务点赞月”活动，提供的大部分服务项目，均是由小米针对用户调研反馈而特别推出的。

它覆盖全国的18个小米之家以及500个授权服务网点，会为所有到店用户提供包括免费除尘清洁、全方位检测、刷机及软件升级服务，同时给超过保修期的小米产品提供免手续费维修服务，此前承诺的“1小时快修”也全面展开。计算一下包括物料、人工以及服务费等主要支出，小米为此要投入约1000万元，如此量级在行业内已是罕见。

更重要的是，小米并不是自己玩，而是将“跟用户交朋友”“参与感”等理念引入到服务中来，邀请所有到店用户在手机上为网点的服务“点赞”评分，并根据评分选出最受欢迎的服务网点排行榜。

在此次“小米服务点赞月”中，小米服务网点提供的大部分服务项目都是业内少有的，是由小米对用户的调研反馈而特别推出，突出以贴心服务、让利优惠跟用户交朋友。同时，小米通过鼓励用户“点赞”、投票选出明星服务网点，这也颠覆了传统服务网点中沉闷、缺乏互动的程式化模式，强化了用户的参与感。

《成都商报》对“服务点赞月”的有趣细节进行了报道：

“成都小米之家的相关负责人介绍：‘每天都有很多客人来到小米之家体验小米的产品，自从6月10日开始，小米服务点赞月之后来的人更多了，周末最多时一天接待300人，这一周里我们免费为前来清洁手机的客户贴膜一千多张，其中三星NOTE、S4、S5和苹果5S、5C的用户很多。还有不少客户带着多部手机来享受免费贴膜的服

务，我们都一一满足。’

“（客户）汪鸶鸶笑着说：‘两部手机贴膜，最便宜的地边摊要10元一张，如果是专卖店则要40～50元一张，小米之家贴的高透膜外面更贵，我来这一趟节约了上百元不说，还体验了小米电视2，简直太划算了。’

“同样也从事客服工作的汪鸶鸶道出了小米之家服务与其他手机品牌售后服务的区别：‘其他手机售后服务就是单纯的接件，不会和用户了解手机的使用习惯，不会对用户不了解的情况进行耐心的讲解。小米之家的员工很有朋友的感觉，我来这里几次从没见过他们板着脸过。’”

在售后服务方面，用户已不仅仅满足于修修手机，或只是体验高大上的店面硬件环境，他们要求参与更多。强烈的“参与感”正让小米颠覆手机行业售后服务的传统玩法，这主要体现在三个方面：

一是参与感让小米的服务网络构建以及响应速度变得更快。

从2011年7月份小米开始筹备建立小米之家，在短短三年中，小米已经建立起覆盖全国一、二、三线城市的线下服务网络，拥有18个小米之家、500个授权服务网点。

外人所不知的事情在于，在小米服务网络的快速拓展过程中，各地的同城会米粉在选址、装修、招聘等方面，提供了各种各样的支持。

二是“参与感”让小米带有强烈的反传统、反标准化思维模式，更强调讲人话，更推崇基于标准化服务的非标准服务。

雷军在公司内部多次强调一个理念："小米的商业模式就是小餐馆模式，老板跟每一个顾客都是朋友，做好服务后才赚些小费。"

黎万强强调："服务是小米的商业信条，小米追求的是在标准化服务基础上的非标准服务。这种服务一定要有温度，还要让米粉参与进来。"

按照传统的行业思维逻辑，售后服务是包袱、非核心业务，要尽量多甩给第三方的授权服务网点来运营。小米却反其道而行之，率先开出了业内第一批服务直营旗舰店，主打服务牌，意在和用户交朋友，给广大米粉提供了近距离接触小米的窗口。

内驱动的转变，提供了让米粉参与定义小米之家功能的创新机会。在小米之家，有很多传统售后网点无法看到的情形。

小米之家有丰富多彩的活动。如今的小米之家已经成为了当地米粉的线下据点，各地米粉不时会在这里举办各种类型的联谊和交流活动，比如有些小米同城会将成员的生日Party举办地放在小米之家。

在2014年4月8日米粉节期间，18个小米之家共送出了2000桶的爆米花，还准备了掷骰子、猜拳等有奖参与游戏，将线上游戏互动巧妙引入线下，吸引了众多米粉前往。

小米网售后总监张剑慧说："我们就是希望打造家的感觉，用户想来就来，来写作业也好，来蹭空调也好，来看妹子也行。"米粉可以在小米之家蹭网、打印学校论文，可以跟店员一直玩掷骰子的游戏。

很多小米之家店员手机里存了一堆的米粉手机号，彼此非常熟悉，有事会随时电话或微信，而米粉也会经常送来一些小礼物，比如围巾、雪糕、西瓜、蛋糕、鲜花等等，甚至有位加拿大的米粉，专门雕刻了一个木质米兔，送给为自己解决手机故障的小米员工。

张剑慧说，这种独特的服务理念还会带来“让粉丝变成员工”的效果，他们会为小米服务做义务的口碑传播，甚至会因为喜欢而加入小米。

小米之家准备了丰富的礼品。在逢年过节的时候，用户到店能领到粽子、汤圆、康乃馨等节日礼物；在用户等待维修的时候，店员经常会邀请他们做一些小游戏，获胜者能够赢得礼品；看到有家长带着小孩来店里，店长也有权力向其赠送米兔玩偶或者其他配件等礼品。

在传统企业看来，向用户送礼品是一件很难长期执行的事情，因为难以管理，但小米用互联网的方式解决了这一点，小米专门开发了一套“赠予系统”，店长的每一笔赠送记录后台都能查到，而且有一套公式计算赠送总额是否合理，如果数据出现异常就会发出提醒。张剑慧只会规定一个大致的上限，给店长留出浮动的空间，然后，每月看一遍记录。张剑慧认为：“给店长越多的信任，他们反而越不会随意。”

小米有丰富多彩的服务话术。小米更强调在进行标准化的服务培训之后，让店员忘记生硬冰冷的对话程式，比如将“您好”改成“美女、帅哥好”等等，甚至熟悉了之后可以说“骚年，你来啦”。如果发现用户是本地人，他们甚至可以使用当地方言与用户进行交流。这都由店员自由发挥。

三是参与感倒逼小米服务团队用产品化思维来快速迭代解决问题。

黎万强说：“小米服务是一个‘活’的产品，用户的参与会驱动小米服务团队用产品思维做创新，以此快速迭代解决问题。”

以刷机服务为例，随着小米出货量的增加，使用小米手机的群体从发烧友扩展到大众市场，这使得用户的刷机或系统升级需求增加了。为此，小米服务网点的员工想出了一些新点子，比如将店内的电脑、Pad、小米盒子等设备改造成了自助刷机的服务终端，用户接入设备的USB接口即可，店员还会告知用户在家中如何进行系统升级。

又如在“小米商城”APP的服务板块中，用户可以在地图模式中选择最近的一家小米之家，点击预约服务，同时，用户可以随时留言点赞或吐槽网点的服务质量，而小米服务要迅速进行反馈和改进。这些功能的添加是小米售后服务团队专门提出的，由移动团队在技术上予以实现。基于移动端完成，使得用户参与服务点评共建的成本更低，反馈改进路径更短。这也是手机行业的服务创新。

真的和用户做朋友

把用户当朋友是小米服务的一大亮点。后面讲到的“非标准化”服务与“朋友式”服务是一脉相承的。

贵阳小米之家店长曾鸣曾研究过小米的发烧友级粉丝：

在贵阳有一个用户我们都叫他“胖子”。他不是贵阳当地的，他是都匀的刑警，每个礼拜五下班就坐两个多小时的火车到贵阳，自己到酒店开个房间，周六周日到小米之家帮忙，解决用户的问题，周日晚上再坐着火车回去上班。小米在北京有发布会，他会自费到北京参加发布会，然后再回去。他后来成为贵阳同盟会的会长，跟另外一个同盟会的会长，每周或者每个月都会组织米粉的活动。别的城市有这样的活动，他也会积极参加。

我就问他：“胖子，你为什么这么喜欢小米？”他说：“我喜欢小米有四个原因：第一，刚开始是因为小米手机好用，我就喜欢上它了；第二，后来我就去小米论坛，发现跟我一样有共同爱好的人是有很多的；第三，我愿意帮助身边的人去抢小米手机；第四，我喜欢你们小米的员工。”

为什么胖子说喜欢小米的员工？因为小米真的是全员客服，小米客服不仅帮用户解决产品问题，还真的和用户做朋友。我当店长的时候，身边的朋友都说我怎么当个店长当成这样？我说我当成什么样了？他说："米粉和米粉吵架你要调解，米粉没钱吃饭过来找你，等你下班，你去请客吃饭。谁跟谁不高兴你又去协调，谁分手了也找你。"我说："可不是嘛，他们现在是我朋友啊，我没有把他们当成用户。"他们愿意叫我一声曾姐，说他今天心情不好，我不可能跟他说"你手机有什么问题吗？"他愿意跟我当朋友，对于我来说，首先是因为我对工作的热爱，其次是我觉得这也是我朋友圈的拓展。

比如胖子，他其实挺让我感动的，贵阳的杨梅汤和荔枝汤特别好喝，到夏天的时候，他早上坐五点的火车，带着杨梅汤和荔枝汤，拿着冰袋。我九点钟一开门的时候他已经在门口站着了。他让我们快喝，说还是冰凉的。我跟店员们非常感激，可激动了。后来他跟我说，他为了赶火车，把杯子给弄丢了。我到中午休息的时候，就去超市给他买了一个乐扣的杯子，我觉得他这么远都给我们带了好吃的，一定要送他一个杯子。到现在他还跟我保持联系，微信、米聊相互留言。他如果在什么地方看到小米有山寨版，会马上拍照发给我，他就是有这样的热情。

还有我们小米之家1.0版开业的时候，人手不够，礼品也不多，所有的开业活动都是米粉帮我们做的。有个生产辣椒的米粉不光帮我们策划开业活动，他还拎了一整兜儿的辣椒，只要是开业进来的人，一人送一袋。还有一个米粉，他做贵州啄木鸟男装的总代，给每个用户发50块钱代金券，只要是我们小米的用户买衣服，没有买100送100，就是直接送50块钱的代金券，盖一个啄木鸟的戳，你拿着券就可以用。

当用户有这样热情付出的时候，我也要用同样的热情回报他们。

我有一些大学同学，他们有时候会在小米之家买一点东西，然后就一直在沙发上坐着等我下班，一边等我一边跟小米之家认识的朋友闲聊、一起玩，或问问我们手机使用上的问题。有时候学生在大夏天没有地方去，就到小米之家来，来喝咖啡或豆浆。特别可爱的是，有个学生问我：“曾姐，我这个月没生活费了，你可以请我吃个饭吗？”没问题，我可以请你去吃火锅。

我们的店员也是这样做的，以前我有个店员叫耿畅，他现在在成都小米之家，有一天晚上我们做团建，下了班我们去吃饭，那时小米2S刚出，旁边有一个女孩在说：“我这个小米2S是从移动营业厅买的。”他听到以后就说：“那边的人在说我们的手机，我过去一下。”我就让他去了。他去了以后过来拿书包。我问：“你拿书包干什么？”他说：“给她刷个机啊。”结果他就在吃饭的地方刷了个机，还告诉用户：“我是贵阳小米之家的店员，你以后跟小米有关的任何问题都可以给我打电话，也可以去小米之家找我。”

曾鸣分析总结过自己做好服务的动力来源：

我的感受是首先是我的老板和我在总部的同事，他们影响着我，影响我的同事，同时用户会用他们的热情打动着我。我要用人之常情去回报用户，我在回报用户的时候，就会影响我的店员，他要怎么对待用户，这是很良性的循环。“和米粉交朋友”这六个字不是我们口头倡导的，而是我们真的一直用心在做。

受到上级管理者的感召，小米售后员工真诚服务，被感动的用户用自己的热情来回报，然后他们也感动了小米的员工，小米员工以更大的热情服务用户——这是非常强大的良性循环。

非标准化服务让用户更开心

小米网客服总监杨京津介绍了客服中心做非标准化服务的心得，他认为标准化服务带来用户满意，在此基础上的非标准化服务带来用户开心：

公司成立之后一开始是做软服务，跟最终客户的接触来自我们的论坛和微博这些渠道。传统意义上的客服在2011年才成立，现在整个团队是2200人。

我们在工作过程中，跟其他公司可能有一点不太一样的地方，就是我们跟员工说得最多的是，我们还可以在服务过程当中做一些什么，客户就会更开心，不是“满意”，是更“开心”，这两个词还是有很大的差异的。如果只是满意，需要的是标准化服务。我们跟老板确认今年的客服部的计划的时候，制定了一个非常棒的项目，就是非标计划，非标是取自飞镖的谐音，全称叫作非标准化服务。

大家一直对客服的要求都是标准化，要有很棒的接起率，要有很棒的解决率，等等，这些指标我们也看，我们不是要剥离掉传统的基础服务，基础服务是根本，我们没有把它扔掉。我们是在这个基础上变得更人性化。一旦涉及人性化，肯定要让我们的员工知道，你是在为你的朋友提供服务，你不是单纯去解决一个用户、一个客户的问题，一旦想到这些概念，你跟他就有交易性的概念了。我们在培训的时候经常强调，你要想象你接到的电话是你的发小、你的闺密打来的电话，他们就会明白，那是我的好伙伴、好朋友。我问他们今天如果有好朋友打来一个电话，说今天你们这个手机怎么回事啊，上不了网了，这个时候你一定不会给他用标准化术语说，你得想尽一切办法，恨不得跟组长请一分钟假，直接呼一下客服的技术工程师，让他马上给你的好朋友回电话。我其实想让一线员工上线之前有这样的感觉再上线。

我们有自己的素材小队，他们每天都会拿着相机，在办公区里面捕捉，员工的感动的、伤心的、自豪的、委屈的这样一些场景，把这些素材捕捉住，收集起来。包括我们的优秀录音，我们的搞笑对话录音，我们都给沉淀下来，当作我们的素材。我们是想把它当成一个培训课件来做的，老板说这个非常不错，未来这是我们的服务宝典，可以让人不死板地提供服务，把非标准化服务变成一种下意识的习惯。

从一开始到今天，我们实验了无数次，我们也遇到很多困难，老板也吼我们好几次，经常拉着我们管理层不断开会，要把我们的错误想法洗干净，让我们一定要把做事情的最核心的一点要抓住。这个活儿如果没抓住的话，我就不可能做成今天这种效果。

服务品质的背后是强烈的问题意识

小米客服和售后服务部门的管理者们都要做服务质量的深度分析，他们的做法和背后的理念值得大家参考。

张剑慧强调让用户参与服务质量的评估：

传统的售后服务回访就是打电话，我们也打电话、抽检，但我们还有一半回访通过手机。用户去做维修，会有维修工单的号码，在我们的消费商城里会出现相应的点赞的页面，做完了服务，用户在现场确认一下。我们这个灵感和思路是来自于“滴滴打车”，你要是说这个出租司机好，他可以得到返券。

我们还有一个微博监控系统，最初是每天把投诉返给我，告诉我投诉来自哪里。现在微博监控系统在发投诉给我的同时还会告诉我，现在用户在表扬什么地方，这个也会加入我们的考核机制，有公式来确定合理的比重。

这个是我们跟传统方式做得不太一样的地方，我们希望用户真的参与到其中。

小米网售后高级经理孙波强调不要为了考核看数据，要有问题意识：

我以前在华为干手机售后大概十年，小米售后的情况和传统手机厂商的情况，在我脑海里面是两种鲜明的对比。

我在上一任公司的时候，看见一个数据，你知道我的目的是什么？我是为了评价店面的好与坏，做一个直接的评定。但是我不会关注这个数字的背后，他为什么会得出来这个成绩，是因为他给用户提供的服务有问题，还是说有别的什么问题。我们看数据只是为了刚才说的KPI或考核，我给店面一个评价，仅此而已。

现在在小米，我们看得更多的是背后反映出来的一些问题。传统的手机厂家所有的服务都是依托于线下的渠道、门店做的，不会直面用户，小米一方面有第三方的服务商，但是我们还会跟用户直接进行接触。服务商反馈过来的数据和我们获得的直接信息一起分析的话，能发现有很多可以改进和优化的地方，这是我们跟传统手机看数据最大的不同。

曾鸣强调看数据要深入分析2%的不满意：

假设我们的满意度是98%，我做分析的时候，我不关注98%，我关注的是2%。为什么这2%是不满意的，我会深入到客服回访的资料，看一下用户对我们有哪些不满意，我会告诉营业部，你的网点2%的不满意是在什么地方，有哪些问题是我们需要改的。

发现问题之后就要解决问题，张剑慧介绍了售后部门解决问题的新思维：

> 我们建了一支大概50人的技术工程师的团队，他们中三分之一有通信、手机行业的研发背景。我们招人的时候不太想招比较传统的做售后技术支持的。我希望招来的人能很快接受新思维，我脑子里面经常会冒出四个字，就是更新迭代。
>
> 比如处理投诉，这个月这三类投诉是最多的，下个月还是这三类投诉最多我们就不允许。如果十个投诉里面，前三个投诉占到70%，我们要想各种各样的办法把前三个投诉消灭掉，这样我们的投诉量就会下降很多。2012年最初是用传统思维处理投诉，来一单接一单，后来我们觉得这样不对，我们应该让这些即将到来的单，提前消灭掉。

品牌经营从知名度到有温度

小米之家与小米客服中心打造服务品牌的方式，是移动互联网时代，品牌运营方式转型的一个典型案例。

从前人们购物是心里没底的，质量好不好不知道，成交价格也是和营业员斗智斗勇谈成的，虽然砍了价，但有没有谈到对方心里的价格底线是懵懂的。

市场上有了品牌就好比有了担保公司，可以发挥信用中介的功能。人们买品牌产品，图的是对产品品质的放心。担保公司是要赚钱的，品牌也是如此，人们为了求一个放心，愿意为此付出代价。担保公司赚你3%～5%，品牌可能赚你10%～100%。

但如今人们买东西可以不用品牌来做信用中介了。

淘宝网、一淘、去哪儿等诸多网站消灭了价格方面的信息不对称。而且人们可以通过互联网了解产品的品质。比如我现在离开大众点评网就没法出去吃饭，不管是选饭店，还是点菜，都要上网看大家的打分和评论。买书、买家电也是如此，看网站点评来做决策。

过去的品牌经营追求的是知名度，今后的品牌要有温度，从喜欢你、热爱你，再到宗教徒般的狂热信仰，温度节节升高，品牌的生命力也越来越强，苹果和小米都有狂热的粉丝。今后的品牌就像恒星，高温也高寿，恒星冷却意味着死亡的降临。

90后对过去的品牌没感情，所以也就没有忠诚度可言。在“老一辈”中，身为80后的郭敬明是很懂90后的，他的《小时代3》在实体电影院放弹幕（不知何为弹幕又想转型的传统企业请面壁）电影，让一群年轻人玩得不亦乐乎，这就是在做有温度的品牌。

品牌做知名度是强势进入顾客的脑海，做温度是慢慢在顾客的心中安营扎寨。从大脑到心灵，从知名度到有温度，这是品牌运营的重大转型。

小米的“参与感”和“非标准化服务”是给品牌加温的典型方法。

“互联网+”流程

对很多传统企业来说，价值观之变是相当的困难，用新希望集团陈春花的话来说，“转型比创新更为艰难，因为组织的思维惯性力量实在过于强大”。但是，其实流程之变也非常困难，因为很多企业在成熟期所形成的流程，就是战略流程化、流程工具化的结果，流程就是公司战略和管理的体现。战略要变，流程就必须要变，可是原有的流程在很多企业已经被上升到“企业的基石”的地位。

刘芹强调读懂小米不能只看其商业模式：“小米设计了一套有颠覆性的模式，但更重要的是它为这个模式量身定做了一套组织能力。”我们坐下来，以旁观者的角度来看看，小米这只有趣的“达尔文雀”在组织流程上，有些什么样的改变。

“互联网+”时代组织也要变

我们早就听说小米的组织很扁平，小米研发部门的层级结构只有三层，一层是员工，一层是核心主管，一层是合伙人，不会有正经理、副经理，不会搞得非常复杂。七八个合伙人下面分别由主管们管理着七八个小组，然后就是普通员工。不管你在别的公司做总监还是经理，在小米都是工程师，级别都一样。表现好就加薪，但是没有晋升。这也意味着合伙人的能力要非常强，因为他们要管的事情很多。

这很有意思。为什么会这样？

以前有位管理大师叫作科斯，他在著作《企业的本质》中写道，企业的边界在哪里？他说，企业的边界关键是企业的管理成本，和社会的交易成本的比较。当企业的管理成本大于社会的交易成本时，自己做就不如买了，这时候企业就应该缩小。

我非常认可这套逻辑。在今天互联网导致的社会交易成本越来越低的情况之下，企业不但应该做小，更应该做平，否则根本就来不及对外界的快速变化做出反应。

小米的工程师直接面对用户，听取用户意见快速迭代产品，这意味着组织结构必须扁平化：如果有五六层、七八层的层级架构，工程师搞产品开发要跟七八个领导汇报，要等两三个月之后才有意见的回复，他们怎么会有胆量创新？

任正非2014年在华为的内部讲话中指出，未来的战争是“班长战争”：

“华为过去二十几年，一直采取中央集权的管理方式，为什么要中央集权呢？就是要组织集团冲锋，为什么要集团冲锋？因为我们火力不强，所以要集团冲锋，搞人海战术，近距离的集中火力。而今天，我们的作战方式已经改变了。流程IT的支持，以及战略机动部门的建立，未来有可能通过现代化的小单位作战部队在前方发现战略机会，迅速向后方请求强大火力，用现代化手段实施精准打击。

“让最听得见炮声的人来呼唤炮火。我们既要及时放权，把指挥权交给一线，又要防止一线的人乱打仗，所以监控机制必须及时跟上。我们子公司董事会的权力是代表资本的，以资本的力量来实施监督，但监控不要影响人家操作。我们得花时间来探讨用什么方式监督。今天我们还没有经验，所以不能给子公司董事会赋予完整的权力，赋给你们完整权力你们就干预作战部队了。所以说，班长这个螳螂后面还有一个黄雀，黄雀不能轻易地抓螳螂，螳螂正在集中精神捕蝉，黄雀就不要去抓它，他方法不对可以总结啊，事后可以去讨论呀，事前事后都可以讨论。

“通过指挥权前移，来避免后方机关过于庞大。如果我们把所有权力都收到机关来，机关将来就越做越庞大，成本就越来越高，不产生价值，最后的结果就是公司迟早要垮掉，很多倒下的大公司以及封建王朝的历史都印证了这一点。在目前这个历史的关键时刻，我们要清醒地认识到，公司不能有一个庞大的机关，一定要把权力授下去。”

快速变迁的市场以及信息技术的发展，使得企业的权力下放变得必需且可能。

黎万强认为：

> 尊重人是小米成功的关键原因之一。你尊重用户，让用户参与，让他发表自己的意见，参与其中；尊重员工，从管理架构上、管理风格上给普通员工足够发挥的空间。

所以，他将“参与感”引入到了自己的服务体系中去，让每位员工都有机会发挥自己的聪明才智。

小米售后团队专门推出了一款名为“点滴系统”的内部App，来激发内部员工的参与感。小米售后的员工可以用它随时提交服务改进建议，小米总部会有一支包括张剑慧在内的五人运营小组，其中只要有三人对建议点赞，就意味着其被采纳，任务会迅速下达，并分发到相关的成员，一般几天后就会实施完毕。

一旦某位员工的建议被采纳，系统就会自动发放米兔、小米配件等作为奖励，而所有的流程完全透明化，任何人都可见，由此激发了小米内部员工的参与热情，据了解，点滴系统现在每月都能收到上百条建议，其中被采纳并实施的有数十条。

小米网售后总监张剑慧介绍了点滴系统的运作细节：

> 你在处理这个工作的时候如果发现任何好的思路，或者你觉得这块不好，需要改进的，但是你可能自己没有这个能力，都可以往这个系统里面扔。这个系统是帮助我们自我进化和更新。比如有售后的同事提出，这个销售包装做得不好。怎么不好？其实塑封感觉很好，很平整，但是用户要想打开它，找一圈都找不到合理的打开它的办法，必须把它破坏掉。我们的员工在点滴系统里提出一个意见，塑封能不能像香烟盒一样加一个抽，撕开的时候很优雅、很漂亮，又保证了产品的完整性。类似于这样的建议，我们这个系统里面非常多。员工提了意见之后我们会怎么做呢？这个系统背后有一些人在关注，有一些我们内部能解决的，就马上解决，解决完了给提出问题的同事一个表扬或鼓励。如果不是我们售后台门的问题，我们就找其他部门，跨部门沟通来解决。所有提出问题并且得到采纳和解决的同事都有鼓励和奖励。
>
> 这个初衷我跟阿黎谈的时候，阿黎说，希望每个人都参与其中，大家帮我们自己改善。我觉得这种管理理念也是传统企业和互联网企业的区别，自我更新和进化的方式方法，也是我们跟别人不一样的地方。

小米给员工发挥空间的另一个例子是，客服员工都有赠送小礼物的权限，杨京津回顾了这一有趣的历程：

员工上线以后，因为把客户当好朋友嘛，如果有些问题的解决需要客户等待，你肯定希望他别焦虑，你希望他相对满意。老板又给了我们部门一个特权，员工如果觉得这件事情特别严重地影响了客户满意度，我们的确做得没到位，又必须让客户配合等待一段时间，这个时候员工有足够的权限赠送小礼物，无需申请，每个人都有这样的权限，直接赔就好了，直接送就好了，只要让客户能够耐心等待，能够相对开心，让他愿意支持我们，给我们时间和机会解决这个问题。

但在这项制度实施的第一个月，最多的时候一天也只赔了3单，客服部一天下来有不下10万的服务量，但是我的一线员工只赔了3单。员工有一种惯性思维，很害怕赔付，他怕这样的赔付尺度掌握不好，有可能赔多了，公司可能会批评，会说你怎么赔这么多。还有的员工会觉得，我要替公司省钱，跟客户在磨叽，其实可能就是几十块钱就解决的问题，一磨叽，最后用几百块钱解决。着就是一种惯性的对服务的认知。

后来我们就下死命令，你今天服务的特别喜欢的一个客人，你特别想感谢的一个客人，你要赠送他一个小礼物。小礼物是我们公司内部的一些配件，最贵的就是我们的移动电源。我们的配件属于物美价廉，有很好的一些产品，在网上也供不应求，比如电源，最火爆的时候，也是需要F码来买的。我们做了这么一个刺激之后，员工开始慢慢有了感觉。

杨京津对这种扁平化的放权式管理非常认同：

在别的公司，很多时候你是先出计划，计划要经过非常多的沟通，大家达成共识，再由老板确认，最终你开始往前跑。在我们这儿，老板经常说，这事你是专家你做主，我只要结果。对于我来说，感受到的就是放权放得很大，但因为老板放权很大，我天天自己就紧张，会想我这个事做得对不对，结果好不好？关注点就在事态的结果上。我把这种方法也复制到我的下一层，我的下一层再复制到下下一层。

MIUI研发总监李伟星反思MIUI的成功之道，认为小米的放权式管理起到了关键作用：

我觉得对比小米和传统软件公司，可能在工程管理上的差距不会太大。我觉得这不是本质，本质还是做事情的方式，是不是能激发工程师去发挥他自己的能力。传统软件公司的老板对产品的方向有很强的控制，下面的人可能得不到施展的空间，所以它是小部分人的智慧，小米这边是大部分人的智慧，我不敢说我们的人更聪明，但是我们三个臭皮将胜过一个诸葛亮，MIUI是集合大家的智慧一起把这个产品做好。这个系统的模块这么多，一个老总再聪明也不可能分太多时间在每一个模块上。

我2005年大学毕业，到了微软，那个时候是小伙子，想法特多，也非常有冲劲儿，对自己工作、行业有特别多的想法，作为用户也好，作为专业的工程师也好，都会有很多想法。比如电话，我会想到，怎么改进更好？但是在大企业，传统的开发模式是职权划分很明确，我在那儿做了四年半，其实都是在做相机的一些功能，只是团队里很小的螺丝钉。如果是跟工作无关，跟相机无关的想法，想要推动，完全不可能，连沟通都没有机会，自己的团队的想法，如果是产品方向的问题，也不一定能沟通。我现在印象很深刻的是，当时我想到长途电话能不能免费，大家打电话不花钱，但是接电话之前听十秒钟广告。在以前的开发模式下，我不是做电话的，我也不能影响到产品的方向，有这个想法也就到此为止了。

MIUI团队跟微软不一样的就是他们的职能的分布没有那么明晰，说你只能做这个事情。举例子来说，像产品，在微软就是负责人决定我们的功能该做什么样的，底下的产品经理会去细化这个工作。但是MIUI这边是所有人一起参与前期的讨论，有经验的行业的开发者也好、测试也好，会在一起讨论这个，去讨论我们这么做对不对，如果是这么做，具体该怎么实施。整个团队一起群策群力的，这个跟大公司不一样，大家的感觉是在做一个事业，而不是感觉自己在做一份工作。

我现在做MIUI，首先就是作为一个用户，我有很多想法，对应的工程师也好、产品也好，可以很容易就在一起聊这个事情，大家不会对跨界这个事情有多么的反感，大家都是想为用户做一个好产品，直接讨论功能。讨论完了如果真的是个好点子，基本上就开始推进做了。

如果这种想法是我负责的模块，那多半是我来做，如果不是我负责的模块，多半是那个模块开发者来做。但是在MIUI，如果那个模块的人没空，我有空，或者说我有这个热情，我愿意付出我空闲的业余时间，我是可以去做这个尝试，对方不会因为我做了这个东西不高兴，或者说这个你不能做，你不能干涉我，没有这样的情况。最终我会验证我的想法，一旦得到了验证，得到用户的认可，那就会帮助我有更多的想法，视野会更开阔，我享受这样一个过程。

这个想法是不是我来做不是最重要的，最重要的是我的想法有人帮着做，这个想法能得到尝试，能看到它的结果，哪怕不能尝试，通过讨论我也能知道这个想法哪里不对，我自己不断再提出新想法，有这样一种提高的过程。以前我想到一个事，没有一个反馈，无论是正反馈还是负反馈，现在就是想法有机会讨论，有机会尝试。

去KPI

除了扁平化管理，去KPI（Key Performance Indicator，关键绩效考核，一般企业中的一种目标式量化管理手段），则是小米的管理流程上的另一个重要的标签。在我的整个访谈过程中，我对这个部分也特别感兴趣。刘芹证实，雷军刚决定创办小米时，就谈到了要去KPI：

雷军跟我说他想做一家不一样的创业公司，我觉得这一点隐含着今天小米的组织形态。他多次谈到去KPI化，这个公司是一个小团队、小公司，把那么多复杂的事情简化到你能不能做出最好的产品，用户真的喜欢，会帮你完成口碑上的宣传。这是雷军对于什么叫优秀创业公司的理解，这是他的一个大胆实践。为什么很多人都在总结小米的理念？就像武功高手，无招胜有招，你要做那么多复杂的事干什么？你为什么要那么多的管理？为什么要那么多的KPI？为什么搞那么多的营销？可能都不需要，也许最本质的东西是你做了最好的产品，客户就觉得好。雷军经常说我就是开一个小餐馆，天天有人来排队，从来不做营销，但是门口永远都在排队。我觉得他隐含了这种大道至简的理念，如果你把你所有的专注度放到做最好的产品，再用这种最高性价比的价格，你的诚意会打动消费者。营销也就变得不是那么让你害怕了。

看来，去KPI不是传言。这听上去很“反动”的管理方法，确实是小米从出生开始就奉行的方法论。但是作为理念，我们能够理解，作为方法论，如何才能够执行这个听上去“虚无缥缈”的去KPI呢？去掉KPI，又拿什么来管理公司呢？去掉之后，公司不会乱吗？创业公司团队小，没有KPI还好理解，但如今小米现在是七八千人的公司了，如果没有KPI，用什么方式来管？这是我在访谈中间特别感兴趣的问题。

黎万强认为，要在继承传统指标的基础上忘记KPI，抓住两个关键点，同时牢记价值观：

说到管理，我有一个大白话的理解，公司是长出来的，不是做出来的。我看到有些创意公司一上来，啪，搞两百人。真的，我不方便点名，我见过好几家。往往他们来找我谈什么经验的时候，我劝告他，我说你要注重节奏。因为他会说，哎呀，没想到小米已经六七千人，你们怎么管？360没想到它也只有五六千人，它怎么管？我说这个你不用考虑，你刚成立的时候就搞200人还觉得人不够用，你这样是太恐怖了，一上来你的精力就被分散掉了。

我觉得小米有今天是因为我们保持团队绝对精简，让每个人都能够高速地运转，有时候甚至是超负荷运转。这有一种好处，有的时候速度就是一种管理，公司高速成长高速发展，每个人都在忙的时候，不会乱想乱折腾，闲下来容易出问题。公司在高速发展的时候，我觉得可以掩盖一些事情，也可以忽略一些事情。

总之，公司保持高速发展，保持精干的团队，其实管理的事情就变得简单了。

我们尽量找具备两种能力的人。一是专业能力很强，他自身有经验，这样你不用再培训他们。二是他想创业，他会自我完善和自我管理，你不用太操心了，这个很关键。我们早期的工程师都是这样的，他们在微软、谷歌待得多舒服啊，出来以后苦哈哈的，一周要上七天班，而且还要砍掉三分之一的工资，你说他们为什么？因为他们想做点有意思的事情。

我们今天的团队是七千人，将来可能要过一万人。这里面我们分成两拨人来看，小米的研发和市场营销两三千人，更多的是售后服务体系的人，物流一千多人，售后七八百人，客服还有两千多，这里面就有四千多人了。对应小米今天800亿的销售规模，这样的人员配置还是很精炼的团队。

没有KPI相对更加符合研发一线的人员，对于传统做物流、做服务的员工，他们还是会研究一些传统的好方法，他们会考虑客服电话的接通率、小米之家用户的活跃度，我们也会看一些数据。但是我会跟他们讲，这个基础有了以后，不足以让我们做到很卓越的服务，原来的指标只能做出行业标准的服务，我们达到行业标准后应该忘掉标准，提倡非标准服务。能够驱动卓越服务的根本是什么？就是要忘了KPI，每个人真的要发自内心地要和用户做朋友，这是我的朋友，我可以做得更好，他的情感和服务方式是不一样的，这时候你会发现服务也是可以创新的。如果你看我们的这些客服小孩做动员会，你会觉得很特别，那些小孩很有创意的，让你叹为观止。包括他们在这次“双十一”搞线上的活动，挖掘机的活动，挺有创意的。

黎万强认为，不能以KPI为本去做事情，要实事求是保持目标的灵活性。

KPI作为一个目标的设定是要有的，比如今年做800～1000亿，你配套的资源、团队是什么？到底是一千还是两千个客服，这个会有，但是我们不会为KPI设定事情。

我们的打法是，我们首先尽量做到客观，我们几个决策者会想明白，到底今年做100亿还是200亿。很多企业是总监报给总经理，总经理报给副总裁，然后再报给总裁，再报给董事会，他们是一层一层往上走的方法。但是我们的做法不同，首先是我们几个创始人想得明白，雷总想得明白，我们是干1000亿还是1600亿？想清楚以后，再去分解，你们客服要2500人才能搞定。我们是这样的打法。

但是有一些数字和你完全盲目跟随这个数字是两码事。

很多企业的打法为什么很扭曲呢？老板给了干部1000万的销售指标，本来我能干到1500万，结果这个市场发生很剧烈的变化，我只能做500万，但是我为了死扛指标，就尽量压货，压了800万，结果半年以后300万的库存就出来了。KPI主义会导致心态出问题。

对于KPI，对这个目标我们是快速调整的。比如发现这个市场能够做到1000万，那么一开始设定1000万部的目标，现在市场可以做到1500万部了，我们就调整到1500万。市场突然间有问题了，只可能做到800万部，那就立刻调到800万部。我们可以重新定KPI啊。

黎万强说小米的业绩指标可以变化，说明小米没有跟每一个人签销售指标协议。而在传统的IT企业，比如微软、金山，会从上面放一个销售数字下来，数字先放到总监，总监再放到下面的销售经理，再放到销售，每个人根据指标签一个协议，签完这个东西就跟他全年的奖金挂钩了。黎万强认为在小米不能采取这种传统做法：

其他上市公司这么干，我们不能这么干。就算谷歌也上市了，但是说实在的，谷歌的模式不是KPI。我感觉到他的平衡做得很好，就是他永远以产品运营为主。我觉得这里面可能创始人对公司有绝对控制权很重要。创始人在控制小米的时候，我们最清楚到底真正的情况是什么样的，而不会做短视的行为。

洪锋对小米的“另类”做法做了比较细致的说明：

实际上是这样，没有KPI并不是没有目标，我会和员工沟通我对他的期望，我期望的目标是怎么样。但是我们不会有一个数字，说你达到这个数字就有多少钱，你超过这数字20%就是200%的钱，你不到这个数字，只做到80%就没钱，这是我们不会做的事情。而员工年底的评估，主要是主管决定。评估之后我肯定会跟他们沟通，沟通中最重要的一个问题，就是你怎么样让大家能够进一步地成长。

在目前这个阶段，这个方式还是最好的平衡体，公司进一步发展的话，透明度不得不降低之后，可能会有升职加薪公平性的问题。公司在不同的阶段，管理方式不可能只用一样的。保持一致的应该是价值观，但是维持这个价值观的手段可能要随着各种各样不同的场景要进行调整。

洪锋所说的目标沟通方式在对小米网售后高级经理孙波的访谈中得到了验证：

我没有任何考核指标，但是老板给我的任务信息很明确。比如2013年的时候老板说，现在我们的服务要速度，质量要提高，你想办法改进，我们就去做。我们的目标很明确，但是没有具体的考核指标，比如客户满意度要达到多少，所有的指标都是让我们不断地往上走，不断地超越自己。

对于小米的目标管理模式，杨京津认为，无形的期望，远比有数字的KPI压力要大很多：

呼叫中心是一个人员和知识比较密集的部门，每天都是不停地在应对很多客户的突发事件，天天处于很高压的状态下，后来阿黎（黎万强）一直说，你作为客服部门的负责人要学会放松，一堆的事情都要做好，但是能不能把一件事做到极致，很有可能这个事情就让客户留下深刻的印象，你这一点服务就是你的服务品牌。我觉得，如果说小米客服有不一样的地方，老板与管理层在这一点上能达成共识是第一个主因。

坊间都说，小米内部是没有KPI的，我觉得我要特别声明一点，老板的确没有特别明确的数字指标，但是他每次开会的时候都会问，还能更好一点吗？还能更好一点吗？我觉得这种无形的期望，远比有数字的KPI压力要大很多，挑战也要大很多。所以我每天自己在琢磨。两年多坚持下来以后，我发现，做事情的这种思路变得更纯粹一些了，变得习惯于跟自己比，我今天能做到50分的水平，明天能不能做到51，后天能不能做到52，这是逐步沉淀的一种状态，我觉得这也是一个很棒的感受。如今，我们有了很轻松地专心做自己的事情的状态。

所以，没有KPI，对小米来说是很有意思的一门学问，它需要考虑的不是“去KPI”本身，而是去完KPI之后，到底用什么别的东西来管，那就是对价值观的建立、优秀人才的选择、把目标转换为员工动力的能力。相对于这些更“艺术”的能力来说，用KPI管理，就显得有些简单粗暴了。我们不知道这套方法论是不是每家企业都能学习，但是确实值得好好研究。

应对快速变化的未知世界，面对指定目标和规范行为的KPI管理效用有限，而面对人心作用的股权、分红权、合伙人、业绩赌局、创客平台等（如：裂变式创业）管理效用大增。管理本质，十指可数，环境不同，选择不同。

“互联网+”资源

用户主权的价值观，深刻影响了小米的资源采购、资源投放和资源利用（内外部资源一体化）。我们对小米的新型资源观做了初步梳理，大家可与自己企业的情况相对照。

人是核心问题：招聘粉丝来服务粉丝

人是企业的核心资源，落实用户主权的价值观关键靠人，前面讲到黎万强不想招在传统企业里有售后经验的人，因为他们的第一概念就是控制成本，与其招进来之后改造价值观根深蒂固的人，不如一开始就找到价值观比较相符的人。

小米网客服总监杨京津的招聘理念是尽量招米粉，这是一个很“别出心裁”的方法：

我们到很多大学里招一线客服员工，这也是我们不一样的地方。我们的大部分一线员工都是大专院校的学生，还有一些是有客服经验的社会招聘的同事。客服部80%的员工是学计算机、通信工程、软件开发这样的专业，文科的电子商务和市场营销专业会有一部分，但是比例很少。男生多一点、女生少一点，这个会跟其他公司的客服中心不太一样，我们跟高科技公司会比较像，比如联想、戴尔，可能男生会相对多一些，对技术的要求，尤其是对智能设备产品的喜好，是来公司之前具备的一些素质和能力。

我们在招聘的时候，老板给了一个很清晰的方向，最好是招米粉，用米粉服务米粉，这种感觉是超酷的，因为很能找到同位感，你不需要教他怎么去找做米粉的感觉，他先天就是。这样的一群小米粉招回来以后，我们管理层的提升人群，有很多都是小米粉。因为他本身就喜欢小米，来了以后会觉得这种氛围非常不一样，每一个管理人员也好，还是身边的同事也好，都是这个公司给你的一个信号，就是你要把你的客户真正地服务好。他在这种双重身份下，觉得备受尊重，所以他愿意贡献他自己的想法，慢慢就成长为管理者。

小米网售后总监张剑慧与杨京津的招聘模式基本一致：

> 一线员工我们要求是活泼、阳光、热情，就是对生活和工作都比较有憧憬的那种年轻人，他即使没有什么工作背景、经验，我们都能够接受。最好他是小米的粉丝，他用过小米手机。小米之家的杭州店长和东莞店长都是第一批MIUI的用户。
>
> 在招管理人员，招店长的时候，我们首先要求在文化上大家有认同。星巴克的文化是打造第三社区，你是在附近住的朋友，经常来我店里面，上上网、喝喝咖啡的同时处理事情。他们有个做熟客机制，这个理念就和我们“和用户交朋友”的理念很吻合，我们首先会招文化上有共同点的人。其次看技能，他有没有带过这样的团队，是否细心。我们对店长是要求相当细心的，人财物三个方面他管理是否细心。

依据价值观决定人财物的投放重点

小米用户主权的价值观，决定了服务在公司整体战略中的重要性——服务对于提升客户体验的价值不言而喻。因此小米虽然在传统渠道上一毛不拔（为了降低价格），但在售后服务上却投入了远超行业水平的人力、财力、物力资源——资源的不投入和大力投入都是为用户体验考虑。

第一个小米之家位于小米原望京总部的紫米会议室，面积只有几十平方米，到现在平均面积在120~150平方米，最大的南京小米之家面积达500平方米。同时，小米售后团队的人数从4人快速增长到六百多人，小米客服团队的人数也已近2000人。

小米在资源投放时善于聚焦客户真实需求，持续打造亮点，用他们自己的话说，小米率先在行业服务领域做到了“四个第一”：

1.小米第一个在行业内实现了7×24小时客服全天在线，热线接听时间控制在30秒以内，微博反应速度从30分钟缩减到15分钟。很多用户在遇到产品难题时，已经养成了登录论坛反馈，以及用微博直接@小米手机或雷军的习惯，由此形成一种驱动小米服务快速响应的良性循环；

2.早在2011年12月，小米就成立行业内第一个寄修服务中心，开创手机行业电商服务模式，以集中解决创业初期购机用户的维修问题。到目前为止，小米要求所有寄修机器在总部寄修中心的停留时间不能超过12小时；

3.针对用户吐槽的传统手机服务等待时间漫长的糟糕体验，小米又率先在业内推出了“1小时快修”服务，从工单录入到维修完成的时间严控在1小时内，达成率也处在行业领先水平；

4.小米最反常规的举动是率先推出小米之家，这是业内出现的第一个手机品牌的服务直营旗舰店，小米内部对它的定义是做服务、体验和用户交流，而非销售职能。按照行业定规，售后服务是包袱、非核心业务，要尽量多甩给第三方的授权服务网点来运营。小米却反其道而行之，率先开出了业内第一批服务直营旗舰店，意在和用户交朋友，给广大米粉提供了近距离接触小米的窗口。

通过“互联网+”塑造服务商的用户思维

企业资源的另一个重要变化是将外部资源内部化。很多企业的售后服务是由授权网点承担的，怎么将合作伙伴融入自己的体系，实现价值理念的一致，避免用户体验在最后一环的断裂，一直以来是个难点问题，小米在这方面走出了一条新路。

小米之家数量有限，小米的7500多家第三方授权服务网点承担着主要的售后服务责任，它们分布在全国三百多座城市。但是，它在最初两年一度深受一个问题的困扰：不在保修范围内的手机向来是授权服务网点的利润自留地，不受厂商的约束，因此很多用户都曾遇到过修手机被漫天要价的情况。

为了减少用户的抱怨，小米决定对服务商进行限价，即制定一套官方的指导价格，要求服务商来执行。

这种做法会触及服务商的利益，小米采取的做法是“补贴”服务，在服务商采购元器件时小米会主动降价，给服务商留下了一定的利润空间，从而使其可以更专心做好服务。由于将售后体系视作营销的一部分，所以小米愿意花这笔钱。此外，小米也会将小米电源、手机壳等配件，让服务商销售，这也能为服务商增加一部分收入。

为了让服务商接受自己的服务理念，小米出台了服务奖励机制。小米有一套公式，用户的满意度不能低于95%，再结合物料使用情况等指标，可以确定付给服务商的报酬金额。在2014年的点赞月，一旦服务商得到用户点赞，小米还会支付额外的补贴。

在经济利益方面，最能打动这些服务商的还是小米每年爆炸性增长的出货情况，用户基数的增加也意味着潜在客户的增加。小米有位河南服务商说："小米已经变成了一个国民品牌，我们投入再多人力物力都值得，因为它不会打水漂，我们也愿意跟着小米一起往前走。"

要确保服务商严格执行公司的政策，光有激励不行，小米对服务合作商还有惩罚机制。小米有专门的团队明察暗访，此外，还会通过电话客服及时向用户进行满意度调查，一旦发现违规行为，会给予严格处理。值得一提的是，小米对授权服务网点每个季度还会有5%左右的淘汰率。

除了用利益机制调动服务商，保障好客户利益，小米还注重将自己的价值观渗透给合作伙伴。

张剑慧说："传统的售后是坐商行为，等着用户来我的门店，有什么问题我帮你解决。服务商的心态就是我把你服务好，然后从厂家那里拿到报酬，消费者不要投诉我就行。这就造成了流程化、机械化，它可能非常专业，但是也不会多说一句废话。”

小米希望服务人员能够跟用户有更多的交流，比如，通过请求用户点赞的方式，给客服人员一个跟用户交流的机会。此外，小米的售后人员会培训授权服务商如何在小米论坛上发起一个活动，如何运营自己的微博、微信帐号，并邀请他们参与小米的大型发布会等等。同时，小米还推出一些情景式服务的课程，提出五个最刁钻的服务难题案例，让服务商的代表进行角色扮演，并展示小米的处理方式。小米从这些细节入手，逐步转变服务商的服务习惯。

服务商们逐渐认可了小米的企业文化，服务主动性明显变强。河南漯河一家服务商在升级店面装修时，专门准备了一间活动室给小米同城会，因为他的店已经成为了当地米粉的一个据点；而在贵阳，小米之家搬走后，同城会开始把活动放到当地的服务商网点去做，这使得网点随之扩大了自己的营业面积。

受小米影响，很多服务商都开通了微博、微信帐号，甚至有服务商会安排专人，在晚上9~12点的微博使用高峰期，搜索有关小米和本地售后的关键词，有投诉就自行解决。

张剑慧说，她希望能够扭转服务商们的观念，通过更好的服务，能够吸引更多的用户到店里去，这其实就是互联网里的流量思维，店里一旦有了人气，就能延展出新的商业机会。

很少有传统企业对服务商会关心小米到这种程度，因为大家的资源观有本质差别！

延伸阅读

传统企业转型的新出路——详解芬尼克兹“裂变式创业”

（本文原载于《商业评论》杂志2015年2月号，部分内容略作删减）

2014年，芬尼克兹创始人宗毅开创的“裂变式创业”模式引发关注，他在公司内部搞创业大赛，有野心、有能力的员工都可参赛，让高管用钱投票，让获胜员工做新公司股东、做总经理带团队。通过裂变式创业，芬尼克兹短短几年间孵化出7家新公司，并且每家都盈利。

芬尼克兹的“裂变式创业”，以下几个要点颇具参考价值:

1. 母公司创始人控股新公司，同时在收益权上充分激励创业团队;

2. 创业团队成员必须掏钱参股，以身家性命赌未来;

3. 用钱投票，可杜绝人情关系，选出最好的创业项目和团队;

4. 人人平等，都可报名参加创业大赛，打破新员工职位无法超过老员工的企业伦理困境。

不管是现在向互联网转型，还是未来向工业4.0转型，大时代里的一切转型问题，最终都归结于组织问题。

涅槃重生不仅需要勇气，还需要智慧。

用历史唯物主义的眼光来看，太阳底下没有什么新鲜事，企业转型成功的关键点是成立新的机构。转型涉及价值观、流程、资源等核心要素的转变，成立新机构是实现三大转变的最便捷的途径——当年改革开放就是靠搞特区杀出一条血路。

成立新机构也有新的问题：如果新的机构跟老的机构是完全割裂的，不能借用老机构的资源，那就跟创业没什么区别；毕竟是转型，跟创业者相比，新机构有老机构的生意帮衬着，但这是一把双刃剑——老机构如果用得不好，它就是负累；用得好，它就是资源。孔夫子说中庸是最高境界，因为拿捏分寸真的很考验一个人、一个组织的修为。

如何处理新机构与老机构的关系，很多企业都在探索。芬尼克兹的探索可以用逻辑思维的口号来概括——有种、有趣、有料。是我们“好好学习、天天向上”的对象。

母公司有控制权，创业团队享受更大收益权

新的机构属于谁，这是转型的一个根本问题。

新机构的股权配置有四种模式：

全资子公司　一种极端的方式是企业创始人认为整个公司都是我的，新成立的机构也是我的，在新的机构（全资子公司）里他还是雇用职业经理人，年终给一些分红，而不是引入创业者。这是把资本以及原有资源、品牌的价值放到了团队

的价值之上。实践证明，这种模式不利于调动团队的创业积极性，成功概率是比较小的。

风险投资 另外一种比较极端的方式是风险投资、美元基金，比如投资小米的，投资迅雷的，风投投资很多钱，但不控股。风投认为，这个公司得是你的，不能是我的，如果我控股，那你就变成打工者了（有股权激励的打工者）。

举个例子，风投投资600万人民币，占15%的股份，相当于公司的估值是4000万人民币，创业者一分钱都没投入，就相当于拥有了3400万的估值，他们会奋力拼搏，去把估值由虚转实。在资本价值和团队价值、商业模式价值之间，风投更认可后两者的价值，资本的价值被弱化。创业者的积极性、潜能会极大地发挥出来。

对于传统企业来说，如果按照风投方式去做，这个公司跟我关系就不大了，我变成了投资者、资源投入者，这真的很“天使”，但不是我在转型。

那怎么办呢？一些企业尝试在传统做法和风投模式之间寻找平衡点。这又分成两种做法。一种主流的尝试是比较偏互联网的，另一种尝试是比较偏传统的，但都是往中间迈了一步，都在走向“中庸”。

偏互联网的方式 偏互联网的方式是让创业团队拿出10%的钱，比如新公司注册资本是1000万人民币，创业团队要拿出

100万人民币（比如总经理拿出50万，其他高管总共再拿出50万），母公司拿出剩下的900万。但母公司只占新公司49%的股份，创业团队占51%的股份，相当于母公司给创业团队赠送了41%的股份，让创业团队有了控股权。当创业团队达到某些业绩指标时，就可以真正享有这额外的41%的收益，这带有对赌条款的性质，能激发创业团队的期待和斗志。

为什么要让创业团队掏钱？不掏钱就成了干股，宗毅对干股的评价十分到位：“共享收益，但不共担风险。”在成熟的企业里，基本商业模式是OK的，谁出的力大一点，收益就该多一点，那个时候重要的是共享收益。在创业的时候，重要的是共担风险，因此宗毅不相信干股方式，对此我非常认同。让创业团队掏10%的钱是非常正确的，他们的决策和行动会更像是真正的创业者。

偏传统的方式　宗毅的做法是偏传统的方式。芬尼克兹要成立一家新公司，出来竞选总经理的人必须掏出10%的资金，这样大家共担风险，假如公司注册资本是1000万，对一个打工者来说，100万不是一笔小钱，他的投资决策会是审慎思考之后的决定。

这个总经理会组建五六个人的创业团队，这些高管都必须掏钱来占股，总经理和高管加起来拿出大约250万现金，占25%的股份，这样他们才有资格参与投资这个新公司。然后芬尼克兹的两个创始人宗毅和张总各拿出25%的资金，他们加起来占50%的股份。还有25%的股份是由原来的裂变公司的高管和员工来投资，这样他们个人的利益就跟这家新公司的成败绑定了。

宗毅比较聪明的地方是，他相当于控制了这家公司，他和张总占了50%的股份，创业团队要把所有零散的股份汇集起来与他俩持平，这种可能性是很小的。另外，新成立的公司的董事会只有三个人，各占25%股份的张总、宗毅及占10%股份的总经理。这样张总和宗毅就有压倒性的投票权。虽然很多事是总经理的团队在做决定，但这家公司本质上还是属于宗总和张总的，他们并没有放弃这家公司的绝对控制权。当然如果这个总经理说服了张总，那他们的话语权也会比宗毅大，但这是理想状态，可能性很小，因为宗毅和张总是一条线上的。这是比较精妙的设计。

那么，接下来的问题是，公司开始运营之后，10%的股份对新公司总经理有足够的激励作用吗？

新公司的分红模式是宗毅整个设计中最精妙的部分。

假如新公司有盈利，每年是强制分红的，税后利润分成20%、30%、50%这三个部分。

50%的税后利润按照股权结构进行分红，让每个投资的员工都能即时感受到投资收益，不是每个人都希望十年之后公司达到了一定规模再卖掉股份赚一票大的，大部分人是期待年终分红的。总经理有10%的股份，因此在这块可以分到5%的税后利润。

30%的税后利润留下来作为企业的滚动发展资金，投入再生产。总经理在这部分有3%的权益。

还有20%作为管理团队的优先分红。这块就是管理团队的额外收益。前面说过，管理团队共有25%的股份，其中总经理占了10%，也就是五分之二。那么，20%的特殊分红里总经理可以拿到8%。

因此，总经理是13%的利润分红加3%的权益，也就是凭借10%的股权享有16%的收益权。创业团队的每个参股高管也同样享有1.6倍的收益权。

这有点类似于以小博大。管理团队以25%的股份，享有40%的收益权。这个模式的精妙之处在于，他们占有的是收益权，不是股权本身，这个公司还是属于芬尼克兹的创始人宗毅和张总。

这个模式比较偏向于传统企业一方，它不丧失控制权，但用分红权补足了创业团队的股权。这也带有对赌性质，如果做不到盈利，创业团队无法享有额外收益权。

在不丧失控制权的前提下激励员工，芬尼克兹的模式值得参考借鉴。

芬尼克兹股权与收益权明细表：

	20%优先分红	30%企业发展基金	50%股份分红	各方总收益权
总经理10%股份	8%	3%	5%	16%
裂变骨干15%股份	12%	4.5%	7.5%	24%
集团其他入股员工25%股份	0	7.5%	12.5%	20%
母公司两个原始股东50%股份	0	15%	25%	40%

用钱投票，选出最好的创业团队

有了好的激励机制，还要有好的创业团队。

那怎么选出正确的人呢？宗毅让他的团队去参加创业大赛，这是一套精妙的选人机制。

芬尼克兹的任何人都可以组队参加创业大赛，这个团队必须有人担纲。

一开始参赛团队要拿出项目思路。然后要接受一些列创业培训，比如战略制定、财务培训，很多参赛人不懂怎么做财务报表、营销计划书。

参加初赛时，评委会从7个维度来评价参赛团队及其担纲人：工作年限、目前职务、对芬尼克兹理念的认同度、战略思维、创新思维、团队打造、人格魅力。这些维度的分值加起来是100分。此外，项目评分也是100分。总分200分。

投资主要看两方面，一看商业模式，二看团队。芬尼克兹把这两方面的评价量化了。

比如工作年限方面，5～8年是最优的，3～5年和8～10年都属于良，2～3年和10～15年都是中，2年以下和15年以上都属于差，他们认为，5～8年这个时间段（27岁到30岁之间）是创业精神和工作经验的最佳平衡时段，越往后经验越足，但创业冲劲越差；目前职务方面，所处职务越高，打分就越高，因为职务越高说明其能力和影响力越被公司认可。

除了量化评分，芬尼克兹在筛选项目、选团队的过程中，还有几个很有意思的流程设计：

第一，参赛团队的担纲人得愿意从积蓄中拿出10%的钱，这个规定就对员工做了第一轮筛选，选出了有创业精神的人。没有创业精神的人，你命令他来做这件事，他是做不好的。宗毅认为，必须要他主动站出来，他得愿意拿出身家性命来赌这件事。

创业者是愿意承担风险的人，本身带有赌的性质，宗毅尤其是个赌性很强的人，他的基本逻辑是如果你愿意拿身家性命来赌这件自己相信的事，那么我就愿意拿出自己的钱来陪你玩。

第二，竞选还产生了一个副产品，就算这个年轻人没有成功，没能在比赛中获得第一，也能让公司决策层看出来有哪些人是比较优秀的，是有想法的，对未来是有很高期待的。芬尼克兹有上千人，老板已经没办法了解每个员工的才能、心性了，通过创业大赛，老板也对公司的人才做了一次很好的梳理，未来提拔和培养谁会很清晰。因此创业大赛也成了公司各种人才展现自己才华的舞台，大家参赛的积极性很高。

第三，企业转型往往遇到一个很麻烦的问题，企业伦理难以打破。下属很难变成上司的老板，后进来的员工很难超越老员工的级别，一旦超越就会有企业伦理方面的压力。总经理可能遭到老员工的质疑，凭什么轮到这个新人升职，怎么着也该轮到我了吧。但是如果这个年轻人愿意拿出自己的钱来赌这个项目，企业伦理就会被自然打破。一个经理级的人愿意拿出100万，如果总监说这个事应该让我来干，那也可以，你拿100万出来参与竞选。这时企业提拔优秀的年轻人就会变得很容易，没有这种投资机制就真的很难。

第四，用钱投票是最理性的选举方式。第一轮票选阶段，晋级的团队还存有拉票获胜的可能，但在决赛阶段就不是轻飘飘地投票了，是让公司的管理层投钱选出创业团队。这个时候不存在有人因为跟参赛团队的感情好，即便认为以后赚不到钱也决定投5万块钱给他们。投钱制度解决了拉票的问题。当每个人拿自己的钱去选人的时候，一定是最认真理性的。最终选出来的团队是大部分人认为能够赚到钱的，意见会比较统一。

创业团队和管理层所有投资的钱加起来占一半股份，宗毅和张总再拿出同样多的钱占一半股份。芬尼克兹曾经出现过群众投资太热情的情况，项目投资需要1000万，群众加起来投了800多万，解决办法是说服大家等比例打折，总投资控制在500万。这个情况下投资新公司就变成了一种机会、一个福利了。

第五，让母公司的管理团队用钱投票，也把他们和新公司的利益绑定了，这很重要，因为转型的过程中需要借用母公司的资源，而且有可能跟母公司产生既得利益的冲突，一旦母公司的主要管理者跟新公司的利益是绑定的，新公司的运营就会顺畅得多。

可以看出，宗毅的一整套设计都是围绕激励机制在做的，以强大的利益绑定充分调动各方积极性。

通过以上制度设计，宗毅能把他认为好的团队筛选出来，拿钱投票也能保障胜出项目的质量。宗毅认为创业大赛好比美国的民主选举，但拿钱投票比美国选举的利益更进一步，跟个人利益的深度绑定，会使投票人会更加谨慎地对待自己的选票。

下　篇
进化的未来：两种路线并行

我用非常大的篇幅，为大家“解剖”了在这个用户主权、虚实结合、去中心化的商业新生代，那只突变的达尔文雀——“小米”在价值观、流程、资源方面的生存之道。我今天依然不敢断言，哪些就一定是导致小米今天获得不菲成就的原因，但是我相信这些不一样的DNA，一定和小米能更好地适应这个时代，有很大的相关性。小米“互联网-”掉了传递价值环节繁复的线下渠道和内部管理流程，“互联网+”上了用户的快速、直接的参与感到创造价值环节。我希望能持续观察和研究小米，在这些DNA中，继续帮助大家研究和分析，到底有哪些“进化血清”可以注射到传统企业的体内，帮助其转型。

在这个篇章，我希望基于前面对商业新生代的分析，以及对小米的剖析，谈一谈我对未来进化大方向的看法。我们认为，大举建设生态系或者做小而美的公司，是企业应对未来、进行战略布局时可以选择的两种进化路线。

十年内，万物互联将模糊很多行业原有的边界，跨界组建生态系是商业进化的一大趋势。百度、阿里、腾讯、小米等平台级大企业都在进行生态系布局，搜索、电商、社交、智能硬件等生态系正在蓬勃发展。在传递价值领域（相对于创造价值），一些平台型的企业将有可能进化成多平台紧密协作的生态系。

商业进化的另一个趋势是：中国中产阶层、富裕阶层不断壮大，他们对生活品质的要求不断提高。今后中国需要大批小而美的企业提供更好的产品和服务，在创造价值领域，将会出现一批非常成功的企业，它们可以借鉴小米的一些商业模式、产品模式、营销模式，在商业新生代获得生存和发展。这也是很多创业公司和想要转型的传统企业可以走的路线。

丁建英有个在投资圈流传甚广的观点："应用型公司值十亿量级，平台型公司值百亿量级，生态型公司值千亿量级。从数量上看，三种类型的公司数量恰恰呈金字塔结构，应用型公司数量最多，平台型公司数量比较少，生态型公司全球也不多。"生态型公司是从少数优质平台型公司进化而来的。

我们认为，大批优质应用型小而美公司围绕少数生态型公司组成生态系，合力提供更好的用户体验，共同提升市场竞争力，是未来可能出现的图景。

路线一：以“互联网+”实现跨界，大举建设生态系

我们以智能硬件领域为例，来看企业如何进行生态系建设。

2014年雷军对外公开了他今后的工作重心：“今天我主要是关注小米生态链的建设，投资对我们来说只是工具和手段，更重要的是用资本的力量来帮助小米建立完善的软件、硬件、互联网服务的生态链，还有内容的生态链，所以整个是围绕建立生态链来投资的，大家看到我们好像天天都在投资，我总结一句就是围绕小米生态链投资，只要小米起来了，生态链就能成，生态链的核心是帮助小米业务成长。”

2015年3月10日，我作为海尔集团的战略顾问，参加了海尔“智

慧U+，引领开放”的智慧家庭发布会，在轮值总裁梁海山之后，做了主题为“万物互联，扑面而来”的演讲。整个发布会围绕着两个字：连接、开放。“互联网+”的技术推动力是连接，商业推动力是开放。连接和开放，让产品走向平台，平台走向生态。

因为连接和开放，因为生态，发布会后第二天海尔的股价大涨。

生态系是平台型公司才能做起来的。我们把公司分成产品公司和平台公司。比如美的做冰箱，苏宁把它卖掉，苏宁是个平台级的公司，美的是个做产品的公司。小米其实不仅仅是一家做产品的公司，更主要的模式是做平台，小米通过做手机标准品，用360做软件的办法，零利润来获得用户，然后卖别的东西，其实是平台级的公司。

刘德认为，对平台这个概念的理解实际上在变化，在演进：

在传统概念里，这些单体的产品都是在平台上的，是其中的一个点。但是在今天，手环自身可能是一个平台，所以平台的概念在扩展，平台的品类也在扩展。在今天看来，所有东西都可以互联起来，都可能是平台，你家里任何一个硬件都可以。所以很难解释这个问题，很难说我到底是做平台还是做产品。这款产品我做得少卖得少，就叫产品，一旦有1000万人拥有了，它就是个平台，有一个质变量变的东西在里面。每个产品的属性随着量的改变都在改变。只要海量销售，这样的产品都可能是互联互通的平台。

黎万强认为，其实所有的产品，如果用户是可以共通的，就是平台：

传统企业是没有用户信息获取途径的，用户间是没有互动的。而小米的产品本身，手机联网了，用户的信息、用户本身是可以互动的。所以不管什么产品都可以变成平台，只要用户能互联互通。

小米对平台的理解决定了它的生态系投资逻辑。

生态系产品互联互通

今天小米已经做得很强大，再往下走，就不是一家公司了，是跟很多机构合作形成生态系。

生态系的各种产品要互联互通，才能形成合力，提供更大价值，获得更强竞争力。

在《小米的未来智能家庭》演讲中，雷军说要复制一百家小米，将这些硬件设备都跟小米手机连接在一起：

"我觉得小米模式就是用互联网思维改造传统产业，促进传统产业的转型升级。我认为小米模式是可复制的，可以大幅度提高市场竞争力。

“我愿意在未来的三到五年里复制一百家小米，来带动整个传统产业的转型升级。

“我先说一下紫米科技，它做小米充电宝，把充电宝做到全球最好，全部用最高品质的电池，最高品质的工艺做工，成本价零售。我们的电芯全部用国际大厂的，如果这些电池爆炸，第一个赔的是LG、三星，电芯贵，质量有保证。我们做完了以后，多少钱？69元人民币，市场平均价200元。当时供不应求，69元的充电宝都要抢，一个月销量接近300万只，世界第一。今年预计销售额大概是15亿元人民币，去年8月还是零。

“做小米耳机的公司是去年3月份创办的，去年10月份上市，今年大概10亿销售额。

“我现在在干一件什么事情？我有一次看到地上全是线，我说我希望把插线板做好，我说所有的插线板怎么看起来这么丑，我想做一个像艺术品一样精致的，能放在大家床头柜、电视柜和办公桌上的插线板。而且这个插线板能不能内置手机充电器，并且是高速的充电器，能充手机和平板，这个计划我们也正在做。

“国际知名品牌的手环大概卖1400到1700元，我过去两年差不多全部用过，中科大一个博士今年创办的公司，他们原来做智能手表，原来我说智能手表不好，每天一充电，我说能不能做手环，他做了小米手环，7月份的时候我真的觉得比我想象的好太多，这个手环表面用铝合金面板，它能够记录你运动、睡眠的情况，除了这两点以外还有几点特别强大，它充一次电能用50～60天，洗澡游泳的时候都能戴，还有它能做成身份的ID，可以用在手机解锁、支付、智能家居环境里。这么一套东西非常好，还可以刻字，我们小米之家免费提供激光刻字，可以送给朋友做纪念品。这样好的东西，成本定价79元人民币。7月份发布的时候，全场振奋，因为那个发布会来的基本都是IT业的，我们只卖到国际品牌5%的价钱。小米用中国产地成本价，用中国最优质的产品，造福全世界造福全人类。所以光小米一家不够，我们应该像当年索尼代工日本整个工业一样，让中国所有产品都变得更加优质。

“还有智能血压计，送给家里的老人，有高血压的就特别好，插在手机上直接联网就马上知道你血压的情况，原来170元美金，我说这个价钱太贵，我们只卖199元。

“这些设备都跟小米手机智能连到一起。我希望有一天你掏小米手机，你家里所有智能设备都连在一起，一切都在你的掌握之中，使你的生活变得更容易，你回家不用掏钥匙门就开了，灯就亮了，音乐开始响起来，整个生活变得非常舒服，这是我们整个推进的生态链计划。我们组成一个航空母舰舰队，把它们全部有效地组合在一块儿，全部用小米手机控制、管理、存储，让生活变得更容易。我们觉得手机就是随身带的电脑，怎么用这个电脑管理你的生活，管理你的工作，让生活和工作都变得很轻松，这是我们正在追求的东西。

“我们的目标是带动一百家这样的企业一起成长，一起在中国做大，一起扬帆出海，成为全球企业。我们希望带动中国企业在各自分类领域成为世界第一，这就是我们的目标。我希望小米的这波创业对中国的影响，就像三星之于韩国，索尼之于日本，我希望小米的梦想成为中国的未来，中国越来越多的企业在全世界范围里面崛起，成为‘优质平价’的代名词，让全世界享受中国科技创新的力量，我觉得这才是我做小米对社会有点帮助的地方。”

生态系投资：尽量不漏掉明天的闪光点

洪锋认为小米软硬件结合的模式，使它生态有明显的优势：

> 小米支付刚开始做，我们还在练童子功，跟米聊一样，也是处在需要有大量人才积累和技术积累的阶段。
>
> 现在阿里和腾讯的支付做得如此强大，为什么小米还要做支付？因为我们在软硬件结合方面能够做出一定的特色。
>
> 我们做什么事情要锻炼团队都很简单，我们做支付自身有足够的交易额，我们有足够的耐心把这个做好。当然了，我们也不希望做在线支付，因为支付宝和微信都做得很出

色。我们还是希望跟手机有一个非常紧密的结合，我觉得软硬件一体化能够做的体验是纯软件支付有时候做不到的。而且当我们在做这件事情的时候，也可以拓展与很多合作伙伴的关系。比如小米手机的硬件和POS机的硬件，可以有安全芯片的合作，在支付的风险控制方面可以结合你的位置、当前的动态做出调整，安全储存方面，可以储存在芯片或者CPU的保密区……我觉得我们做这个事情不需要和任何人商量，我们想怎么做就做了。支付宝可能还要和华为商量一下，还要和联想商量一下，我们能不能搞一个卡，公司和公司之间、部门和部门之间要扯皮。我们软硬件一体化，就很简单，想干吗就干吗，雷总说干就干。小米手机软硬件端到端，甚至包括销售和服务端到端，全部搞定。

刘德介绍了小米布局生态系的具体操作思路：

小米自己的工程师是非常有限的，我们就2000人，能做的事情很有限，我们把手机、电视、路由器做好就很好了。我们靠什么来布局，抓住未来的机会呢？我们想了一个方式，就是通过生态链的投资来抓住机会。

那么我们大概会用哪几个思路找公司来投资呢？

第一，这款产品的领域是大市场，这个市场足够大才能有机会。

第二，这个产品的领域有痛点，有不足，贵也是痛点。

第三，这个领域的产品可以备份，这样可能就会迭代，才能促使迭代。

第四，这个产品符合小米的用户群，小米主力用户群大概是20～30岁，理工男，以及他们能影响到的周边的人，比如女朋友、朋友、父母、亲戚等等。

第五，这个团队足够强，他们是用牛刀做一件杀鸡的小事，你看到是一个普通的智能产品，但是背后的我们的投资团队是足以做精英的团队。

最后一点，团队的老大要跟小米有共同的价值观，不追求赚快钱，想提高一代年轻人的生活质量，想做性价比很高的产品，追求单品爆款，在未来不急于赚钱。

我们基本按这个思路找团队投。

假设小米是一所房子，生态链非常像房子后面的院子，大家觉得这个房子很值钱。但是我打开后门让你看，后院更值钱，后院我探明有金矿，储量不明，所以我很值钱，有想象空间。

再有就是我们投资的这些领域也跟小米有业务结构性的契合，就是小米的用户喜欢的，或者能跟小米手机互动的。如果说未来十年是智能、互联、云端，但是我们不知道那个版图是什么样的，所以我们就会把所有的在未来版图里可能显现出来的亮点都找到，找到亮点里最好的公司，投资它，让它变成小米的合作公司。这些公司投资多了以后，自然出来一个面向未来的版图。今天的发展变化速度太快了，没有谁有眼光和能力看到若干年后的版图是什么样的，所以这是一个非常好的布局方式。

小米自身只做手机、路由器、电视，这是小米狭义的边界，我们就做这么多东西。广义的边界在哪儿呢？小米在布局明天，明天是智能、互联、云端这六个字组成的。那么明天的边界是什么样的你知道吗？大家都不知道。所以我们不讨论小米未来的边界是哪儿了，所有未来的新兴领域，我们都能够通过生态链投资的方式捕捉到它，一起把明天的版图画出来。我们不知道明天是什么样子，我们也探讨不出我们的边界在哪里，我们只是尽量不落掉明天的每一个闪光点，这是一个公司对未来的探索，非常难划清边界。

我今天不可能跟你讲，我绝对不会进入XXX这种产品，因为这种产品还没出现。但是一旦我捕捉到XXX这款产品在市场上出现了，很多创意团队在做，也许这是明天重要的节点，我马上会做，马上就会找这个领域重要的节点，找最具有闪光点的团队，跟他们合作，跟他们谈，或者让他们以最快的速度把这个点做亮。我们不会放弃智能硬件领域的任何一个闪光点。客观上我们可能会落掉几个，但是主观上我们不会放弃任何一个闪光点，因为这是对明天的拥抱，我划不出这个边界，我不做什么。除非你问我说，小米会做房地产吗？我说不会。你问小米会开餐馆吗？我说不会。因为跟智能、互联、云端没有关系。

明天我们什么都要，但是我们自己都不做，我们都找一些兄弟公司、兄弟团队做这些事，大家一起来探索明天到底是什么样的，未来的版图到底有多大。小米狭义的边界很清晰，就是那几款产品，广义的边界不知道，明天是什么样的不知道。

生态系的内外部利益关系

小米做了几个核心产品以后，也许出现下一个产品，生态系里已经有人在做了，小米也做，因为这个东西必须得自己做，因为这是一个能搭建新平台的硬件，那小米的边界在哪里？

刘德认为：

小米生态链投资的速度要远远超前于小米路由器生态系统的建设。这个问题是假设有一个产品，非常适合于接到路由器上，慢慢做得很好，那小米要不要投这种产品？小米要是做了他就不能做了。其实往往都是小米这边发现手环有价值，先做了手环，手环返回来接到路由器上。所以就不太会出现已经有了合作产品，然后小米再去投资的情况，因为我们其实跑得比它快。

刘德强调，从时间顺序上来讲，小米同生态系之内的合作伙伴是没有冲突的：

举个简单的例子，我们做的手环，在整个生态链里面是一个重要的ID、连接者。手环本身会成为一个硬件平台，我把手环的数据开放，所有的人都可以为我这个手环做配件或开发APP，大家花钱围绕着手环，自然就出现一个小的生态系统。手环是个种子，手环在我的生态链上。

在小米没有做手环之前，不会有什么手环成为小米生态系的一员，我们是通过小米投资手环才把手环变成小米生态系统的一环，是这么个思路。在我们投资手环之前，我们没有跟任何一家手环有合作，也没有任何一家手环是我生态系的一部分。不存在某个领域我投资了，就把我生态系统里的这个领域都破坏掉了，别人都干不了。因为它们原来就不存在，我体系里没有。

假设今天小米做耳机了，在此之前，没有任何一个耳机是小米的生态链的一部分啊。不存在我做耳机就把生态系里的耳机做死了。

当小米的电源做得便宜以后，我们的电源可以贴牌，帮别人的忙，甚至别人可以给我的电源做配件，将来我的电源多了以后可以给它做APP，这又形成一个小的生态圈，它又是我大生态圈的一部分，耳机也是这样。所以在我做这些事之前，没有哪些既成的东西已经在我的生态链里面，小米过去只有手机啊。

我们做的主干产品是手机、电视和路由器，我们会一点一点地延伸，构建我们的生态系统。这个生态系是我们这样搭建的，现在它刚刚开始。

生态系里的股权投资是另一个重要的利益问题。

微软把核心产品做了之后，外围是很多伙伴，这个伙伴生态系很大，微软是把自己之外的部分当作生态系，我们不做的这些才是生态系，所以经常有一句话说微软赚1块钱，我们的伙伴——这个伙伴指的是跟微软没有股份关系的机构——赚16块钱。小米谈生态系的时候，是把内部当成生态系，或者跟小米有股份关系的机构当成生态系，这有点不一样。

黄江吉认为股份投资才是真正的互联网模式的生态圈：

必须要有股份投资，他们才会觉得他们是这个生态圈里的一部分。我们的模式在我看来才是真正的互联网模式的生态圈。

小米占有股份是让大家都有足够的合作动力，他们有动力把产品做好，支持我们的设备，我们也有动力利用我们的全部资源协助他们成功，跟他们深度整合。我觉得这是在强弱之间非常巧妙的，而且是可以执行的一个模式。不可以过多地控制，那样会让他们觉得这不是他们想要的。但也不像苹果，有很多事情他觉得不用外面人做，自己建立团队做。你会发现自己建立一个团队之后，那个团队里面的负责人，他会觉得自己是打工的，他不会作为创业公司的创始人来工作，如果有些事情琢磨不明白就会晚上睡不着觉，直到琢磨明白为止，他不会为一个事情纠结到一夜白发。但是创业者就需要有这样的担当，你要真的把它当作自己的公司，我怎么样都要把它做成，这样的战斗力是完全不一样的，创业者相对于一个职业经理人的动力是完全不一样的。

刘德介绍了小米的“不控股投资”方式：

我们投资每个领域只占这个领域非常少的一部分，我们不是控股，那不是属于我们的公司，那是非常独立的公司。我们只是通过适当投资的方式来打造大家的利益一致性，减少沟通的成本、降低信任的成本。我们都不用讨价还价了，我们赔了一起赔，赚了一起赚，我在你这儿是个小股东，我们是想把整个的商业逻辑简化。

小米生态系内的关系是和谐的，但小米跟电池企业合作，跟耳机企业合作，跟手环企业合作，都选择一家合作伙伴，那它是不是变成整个行业中所有其他厂商的竞争对手了？

洪锋从小米的初衷出发做了解答：

我们只不过是做我们想做的事情，雷总有个点睛之句，“我们要让所有的人都能享受到科技的乐趣”，这就是我们想做的事情。

洪锋的这个回答属于梦想级别、理念级别的东西。具体到小米手环上面，选了一家公司做小米手环之后，其他所有手环变成小米的竞争对手，这不太像谷歌的做法，这像苹果的做法。雷军说过，我只做电视、手机、路由器这三个东西，因为这三个东西是构筑平台核心位置的东西。小米其实是一家平台级的公司，所以要做这三个东西。可是手环、电池、耳机不是平台级产品，这个东西也做的话，会让小米的合作伙伴面临很大的担忧，小米一旦进入我这个行业之后，就把我给灭了——小米现在的规模和能力确实能影响很多行业。

在微软的合作伙伴大会，曾有一个合作伙伴站起来说，他有一个女儿，他很爱她，做了很多生意都是为了她，可是他发现，他做了一件事情之后，微软干了，后来他又做了一件事情，微软又干了，微软每干一件事情都把他灭了，他的规模跟微软没法儿比。他说：“我现在就希望你告诉我，微软到底哪件事情是明确不会干的？”这件事情给微软造成非常大的震动，我们是做平台的，守住自己平台的核心，其他的东西不要碰，否则整个生态系就会以我为敌了。为什么苹果今天利润很高，但是占有率比谷歌要少，因为整个硬件生态系是以谷歌为核心的，以苹果为敌的。

洪锋回应说：

> 我觉得这个理解跟我们的初衷有一些差异，我们需要做第一推动力的事情。我们要设计一个产业到底是怎么样的，这些东西到底怎么互联互通，这需要一些合作伙伴的帮助。我们不可能把这个行业所有的事情都做完，我们是选择最重要的几个使用场景，跟其他公司合作，而且我们的投资占的股份也不是太高，主要还是看他们把这个事做出来。

对于小米进军各行业，大家其实不必太担心，科技领域风水轮流转太多了，科技领域永远不会有所谓的巨人，其实都很脆弱，因为巨人发展太快，只要一犯错误，两三年就不行了。

刘德也有类似观点：

我们关注的领域市场都足够大，比如说移动电源，这是个足够大的市场，我们投了一家，可能还有若干家友商在外面。所以在市场里未必会树敌，至少我们没这么想。

但是如果某个行业的其他企业真的因为小米与一家企业的合作而垮掉，那小米怎么看待这个事？

刘德认为：

我们每次努力找在这个领域最强的选手、最符合我们价值观和调性的合作者。其实他不和小米合作也是最强的，将来市场竞争、自然淘汰，可能慢慢也会把它自然选择出来。所以，不是小米出现改变了这些，结果都是一样的。

黎万强认为：

> 未来标准化产品都是高度聚集的，这个事情不是小米决定的，这是一个行业的规律。首先不是小米把它们消灭掉，是商业发展规律把它们消灭掉。这种时候每个行业里不管一家还是两家企业，你愿意加入到小米体系，我反而是帮助你。

2014年12月，雷军在接受各路媒体采访时，对这个问题作了最新的、明晰的表态：

> 小米的根本原则是不排他、不站队、开放式。我们结盟、投资的公司，我们都不要求战队，开放是建立生态链的基础。比如我们在内容产业的生态链中，我们投资了优酷和爱奇艺，这两家是做的最好的视频网站同时也是直接竞争对手，我们不参与内容产业的竞争，只是追求产业和我们的合作。比如我们选择了金山云作为云提供方，但我们也有可能选择亚马逊（我们亚马逊也支持了小米的一部分云存储），金山云不是小米唯一的供应商，而是主要供应商。
>
> 我们合作的前提不是以我们投资不投资作为前提，投资只是执行小米战略，目的是为了强化我们自己。
>
> 小米绝对不是一家投资公司，这100家企业谁能出来谁

不能，我并不关心。小米的态度是——你盈利不盈利是你的事情，这其中的真谛只有一个，就是做生态链是为了增强小米手机的竞争力。生态链成与败是他们自己的事情，我们只是扮演好股东角色，我们能获得的最大好处就是他们支持了我们战略。

这100家公司可以起到示范作用，带动整个产业链，然后我们会邀请更多伙伴加盟，但是我们有挑选标准。标准核心要符合小米价值观和小米的用户群，这和产品本身价格无关，比如Nest产品好价格高，但是不符合小米用户群的主流需求，所以我们也不会引入Nest的产品。

对于我们投资的公司，小米有两年保护期，保证同一类型同一领域的公司只投一家，但是两年过后，我们会投资其他公司，肯定的。

建设生态系带来多重优势

黎万强从用户价值角度解读小米为何要建生态系：

有人说小米这个公司，进一个行业毁一个行业。这其实都是对手讲的，不是用户讲的。

我们要相信用户的判断，用户才是最有话语权的。

我们进入到一个行业，以手环为例，我们在干的时候，我认为我们是教育这个行业。国外的手环都是一千多、两千元这种价位，国内的一些杂牌子也三五百，我们一下干到79块的时候，其实是让用户的尝试门槛变低了。这个东西本身很新啊，没有刚需啊，但价格足够低的话，他会体验过以后，会觉得有意思，就会尝试戴。我们真的是开发了这个市场，这是让用户获益的。手环是这样，云电源也是这样。云电源，这么好的工艺，人家卖200，我们卖69。手机人家卖4000，我们卖1999，因为我们的竞争，真的是把国产手机的价格整个拉下来了，但是也把品质给做上去了，是因为小米的跑分。当我们鼓吹跑分的时候，消费者聪明，把黑盒子打开了，买什么东西一看，你CPU不行，太重，其实这是对行业、用户的科普和教育。

刘德也持用户立场：

小米的这种做法，最受益的是普通消费者，因为他们可以在最短的时间内拿到性价比最高的产品，就像小米做手机，我们对中国社会最大的利益是什么呢？由于小米的出现，让中国的智能手机在小米1的时候就几乎平均降价1000块吧，现在恐怕平均降价1500吧，让更多的年轻人早一点

> 买得起智能手机，进入移动互联网时代。小米推进了中国移动互联网时代的进程，这是它的价值，要从社会价值来看。我们投资其他行业的公司，在乎的是对社会贡献的最大化。

小米为了更好地满足硬件消费者的需求，大举进军内容产业，这可以作为小米做生态系投资时的用户立场的一个典型案例。

2014年11月，原新浪执行副总裁兼总编辑陈彤正式加盟小米，他负责内容建设，小米将在内容领域投资10亿美元。同月，小米官方宣布，联合顺为资本3亿美元入股爱奇艺。小米还在优酷土豆的推介会上宣布以从二级市场购买股票的方式投资优酷土豆。

为什么小米大规模投资内容？雷军说："大家不能为了电视买电视，没有内容电视有什么用？所以内容产业对我们很关键，我们要促进内容产业的进步。媒体在我看来只是内容的一部分。我们现在首要关心的是视频内容，因为跟我们做手机、平板、电视、盒子，都跟视频内容相关。我们的核心诉求是建立产业链。"

就小米的自身利益而言，洪锋认为生态系投资能让公司保持在较小状态，避免大企业病：

> 为什么企业大到一定程度之后问题会越来越多，因为人越来越多。当所有的人都是很靠谱的人、很聪明的人，完全

符合你价值观的时候，我觉得这个公司不会有问题，不管他是怎么管理的，问题都不会大，因为人都是靠谱的，对吧？大家唯一想的就是做一个美妙的产品。但是，随着公司越来越大，不符合这个价值观的人的比例会越来越多，或者人的缺点越来越多的时候，就是公司问题越来越多的时候。我坦率地说，我不觉得微软30万人，人人都符合那个价值观，对吧？

所以我们在说要尝试成为一个不太大的公司，我觉得也是很有道理的。

我们这些人都是看着公司从小变大过来的，我加入谷歌的时候两千多人，现在快五万人了，我离开的时候是三万人左右。谷歌在这么多人的时候保持能这样的状态已经非常不容易了，简直是个奇迹。但是和2000年那时候一样吗？不一样。2000年的时候，每一个人都很厉害，大家惺惺相惜。你说现在这么多人都这么牛，怎么可能？这个世界上厉害人物是有限的，所以到最后所有的问题就是，公司靠谱的人的比例在逐渐下降，这是不由自主的。我不是说现在的人是不靠谱的，而是说他没有那么优秀，很多事情就很难解决。其实很优秀的人也有人性的很多弱点，七宗罪，每个人都会有，最后我觉得是人性的弱点造成了管理上的难点。

那么有什么办法让公司保持在较小的状态呢？我们现在

的很多业务，比如电池啊、耳机、手环，是我们投资的一些人把事情给干了。

洪锋也认为大公司会淹没创业激情，生态系投资是永续发展的最佳选择：

雷总曾经跟我说，现在我们公司已经相当于五天工作制了，现在如果你招个团队进来，号称你是个创业小团队，在公司里面做这个事情。你要让他们每天非常努力、非常激情地像我们刚开始创业这么干，已经非常非常难了。但是如果说这哥们儿在南京做一件事情挺靠谱的，我们支持他做，你都不用去催他，如果他真的靠谱的话，每天7×24在做，因为这是他的梦想。而且很多真的有自己的理想的人，可能也不是太想进入大公司。所以我们集中精力把我们最核心的业务做好，把我们的平台做好，各个具体的业务让我们的合作伙伴去做，我觉得每个公司都别太大，这样挺好。

黄江吉认为一家公司不可能做好几十、上百个产品，因此需要组建生态系：

产品和供应链有很多超级复杂的事情，但可以把它简化一点点。大家觉得小米推出很多不同的产品，好像没有东西不做，但其实我们在做一个生态圈的部署，我们是通过投资合作的方式，让50～100家未来的小米，各个领域的小米，一起跟我们做这个生态圈。比如我们发布的摄像头，那就是我们投资的一个公司做的，它非常认同小米的模式，我们跟它合作，我们会投资，我们的工程师也会协助他们把产品做好。然后摄像头跟小米的各个设备，比如说手机、电视、路由器、平板，这些全部高度整合，让它在摄像头这个领域变成小米。任何一个单一的公司都没有办法管理50～100个不同领域的产品，而且每样都做好，这个超级难，我们知道不应该这样做。我们是把小米的模式复制给50～100家企业，未来可能会有更多的创业公司，我们会让他们跟我们一块儿做，这就可以把复杂的问题简单化了。

“因为我们要求自己少做一些事情，所以我们要投资很多人帮我们一起来干。”雷军如是说。

路线二：借助“互联网+”，做全球化小而美企业

小而美的企业并不真的是规模很小，相反，因为互联网平台和生态系的存在，有可能形成一些“全球化的小微企业”，一款独到的产品，可以产生极度可观的收益。

2014年1—8月份，中国新注册市场主体超过800万家，带动了上千万人就业，中国新一轮创业潮正在到来。蔡文胜有句话很打动我：“我们创业首先方向一定要对，和人类文明的发展趋势贴近，其次才是执行层面的问题，展开想象，未来的空间会很大，这个世界就会变得有趣。”

黎万强认为限制中国创业热情的因素正在起变化：

对创业这件事情，美国很多人的状态都是想改变世界，我们很多人的状态都是在改善生活。中国目前这种状态，短期内完成所有人都想改变世界的状态，其实这是个很假的话。但是中国肯定会经历这样的过程，中国未来10年、20年肯定到美国这种状态，因为背后有很多因素决定的。

第一个因素是教育，美国更早进入到发达社会，人的生活变好以后，就像马斯洛理论所说的，大家追求自我实现、被尊重。我们今天还是有一些压力，你的小孩不到单位上个班，没有一份正式的工作，老婆都娶不到，你会让他很自由吗？所以小孩的教育体系很重要，美国教育偏重创性造思维，以发问为主，不是找标准答案。中国人上来都是搞标准答案的，所以一旦有个商业模式，中国人COPY非常牛的。未来中国小孩会崛起，像00后、10后，他们会不一样。

第二，今天这个资本市场，不管是天使阶段还是在某个基金的A、B、C轮，整个投资环境未来三五年都会有更蓬勃的发展，这个体系的支撑很重要。这让大家觉得创业很容易，而不是，行业上有想法，想拿笔钱都搞不到。其实现在不是泡沫过盛，真的是火柴刚刚点燃。你在美国创业失败两次以后，一堆人捧着钱找你的。

第三，我觉得在中国，未来20年都是创业的良机，不仅是因为互联网，是整个社会升级了，大家对品质有强烈的需求，任何产业都有重新做的可能，因为以前各产业做得都不好，以前太多的行业都是偷工减料的。今天如果不追求企业大小，任何一个行业你进去，踏踏实实、真材实料，你都有钱赚。服务一个特殊人群，而且有地域特性的、小而美的企业会大量存在。日本就有很多活得很好的特色小企业。这是品质升级给产业带来的无限的机会。

未来大家对品质的筛选会越来越严，我们可能慢慢要改变创业心态。是不是每个人创业都要做标准品，都要做很大的东西？大家要想想，我能不能做小而美的东西？

我觉得个性化的需求已经成为可能性。大众品牌里面肯定是高度聚集的，可能每个品类可能撑死了就五个品牌，但是未来个性化的消费会让很多的小公司存在。比如说某个个性设计师的品牌，总有人追随着他，但是大的品牌可能就是优衣库、H&M等五个品牌，手机也是这样的三四个品牌。所以大部分人的创业方向是做小而美的公司。

规模经济（不断开设分公司以获得区域市场）的全球化时代已经过去，范围经济（不断拓张互联网平台服务范围）的全球化时代刚刚开始。在互联网的帮助下，以后会有很多“全球化的微小企业”。

企业变小是个大趋势：1）互联网让社会交易成本飞速下降，当社会交易成本低于企业管理成本时，未来企业规模会越来越小；2）互联网让沟通效率极大提升，当企业与用户距离小于高层与员工距离时，未来企业变革会越来越快；3）你要很专注一件事，别人才知道你是做什么的，这就是“定位”，找准一个位置，切入点必须足够小，才能钻开一个口子，然后做到足够大。

那么，这些企业可以向小米学什么？

其他企业从小米身上，可以学的是六个字：

> 前三个字是“爆扁爽”，做爆品，组织结构要扁平化，让用户和员工爽；另外三个字就是“参与感”。参与感是一个思想层面的事情，爆扁爽是很简单粗暴的，是企业的行动法则，你做东西不要做一堆东西，就要做好一个产品，做爆品，然后结构要逐渐变平，这样才能发挥创新，第三是想一想，怎么让员工、让用户爽，大家才会对你的品牌有高度认可感。而让大家能够爽，其实参与感是很重要的。

雷军举过一些MIUI操作系统实践“参与感”的例子：

“当来了一个陌生电话，系统会告诉你这个电话是送货员还是中介机构，还是推销电话，还是骚扰甚至是骗子，这样你就可以选择接还是不接。假如这个陌生电话你不接，那送货员不是很麻烦吗？我们甚至可以出一个功能，如果是送货员，上面甚至有送货员叫什么，会有送货员的照片。这个功能最早是在小米手机上出现的。我们有了这样的功能以后，我有一次给领导汇报，谈到手机他说他最麻烦的是他的手机得24小时开机，晚上来一个骚扰电话就经常睡不好。我说这个简单，我们加一个功能，晚上睡觉的时候只接VIP电话，只定几个人可以打进来，其他的人不接通就行了。这个功能他觉得非常好。我有一次见韩寒，他说你能不能开发一个功能，只接我通信录里的电话，我说这个好。我加了一个功能，只接通信录里的电话。我今年初在深圳参加IT峰会干了一个蠢事，有些人和我换名片，我就给他名片，我名片上有我电话，有一个兄弟就把我电话贴出来了，我每天要接400个电话，我就用了这个功能，只接通信录的电话。所以我们就是这样一点一点地把各功能做进去，让你用时的体验远超你想象。”

“参与感”（C2B）可以帮助企业不断完善产品，而用户有了参与感会感觉很“爽”，这也会导致他们积极使用和主动推广该产品，因此“参与感”是企业经营中一举多得的好办法。

小米投资人刘芹对爆品战略做过深入解读：

> 难就难在做减法，在成功中遇到的机会，更容易犯错，你觉得好像无所不能，但其实只能做一件事。减法是综合性

艺术，综合性思考，我和雷军的理念是帮助公司做减法，我们很多理念相合，也是在这里，他在很多事情上很克制，只要基本能力在，不要头脑发热。

我相信单点突破，不像传统行业，阵地战，摆开正面战场。其实UC、YY都只解决了一个很小的问题，我不是贬低UC和YY整个产品的技术含量，但是我觉得其实每个杀手级的产品背后，用户对那个产品的认知是极清晰的。很多公司说来说去为什么要适合做减法，当你把战略想明白，方向想明白，就忘了吧，你剩下要做的就是踏踏实实地把你所有的宏大叙事收载在一个极小的点上，单点突破。

其实小米整个这么庞大的叙事，第一个真正核心的产品就是MIUI。我记得2011年我们真的出来卖手机的时候，很多人非常多不理解，为什么小米就做了一次新闻发布会，你们就号称预售卖了30万部，这绝对是炒作!你这个就是饥饿营销!所有人都忘记了其实我们是2010年起步的，将近一年的时间是在做一个叫MIUI的产品，小米是用精益求精的聚焦，用公司最擅长的操作系统来打动目标人群，解决安卓机器里面中国人的痛点问题。

企业做出了超出客户预期的爆品，接下来口碑传播的力量会源源不断地给企业带来客户——做出爆品本身就是最好的推广手段。小米网售后高级经理孙波有个印象深刻的口碑传播例子：

西安有一个老板是做电动车的，在一个农贸市场里面。他用了小米手机之后，带动了那一片二十多个店主，都用小米手机。我们一做免费清洗贴膜的活动，他就对那些店主说你们拿手机过来，我拿去给你们贴膜。到了小米之家他一下拿出二十多个小米手机。很多用户一旦用了小米，他会不断跟朋友、家人说小米，很多人有关小米的问题也会问他，这种口碑扩散的事情蛮多的。

刘德认为小米的商业模式里的性价比是创业者们可以学的：

中国人的消费习惯是比较在乎性价比的，东方人比较节省。后来我们发现有另外一个民族更在乎性价比，印度市场比我们还在乎性价比。中国人修手机修不了三次就扔了，懒得再修了。印度人10次、20次都要修，很在乎性价比。

中国的商业生态有点问题，我们在流通环节里的费用占到了太大的比例，在美国买什么东西都没有像中国买东西这么贵。我们去了美国才发现，同等品质和品牌的东西，中国的东西最贵。

做传统渠道你做不到高性价比，同时互联网的电商渠道相对成熟了，这是可以利用的，通过互联网的电商方式才能够扭转中国商业领域的价格畸形。

其实我们就是还原了商品的本源价值，就这么简单。

“互联网思维”的倡导者周鸿祎认为：“任何企业都可以找最强的竞争对手打，但有一个对手你是打不过的，那就是趋势。趋势一旦爆发，就不会是一种线性的发展。它会积蓄力量于无形，最后突然爆发出雪崩效应。任何不愿意改变的力量都会在雪崩面前被毁灭，被市场边缘化。”

凯文·凯利在2013腾讯智慧峰会上指出：“我想强调一个事实，现在大家可能认为事情都已经发生完了，但是其实我们才刚刚开始而已，几乎还没有发生任何事情呢。比如说已经过了十年了我们还是在开始的阶段吗？现在已经2013年了，还是开始吗？事实就是如此，我们展望未来有很多的机遇，在座的每一个人都有很多的机遇，可以成为我们的领袖，成为一个创新的人，成为一个成功的人，因为这些事情还没有发生呢，很多事情没有发生，所以大家并没有迟到。我们这是初始阶段的

结语

商业进化的美好与残酷

开始而已，这一点要提醒大家注意。”

正如蒸汽机、电力的发明带来的变革持续了几十年，这一轮移动互联网开启的商业进化也将持续多年，云计算、大数据、智能技术都在发展之中，各行业的格局都在变动之中，未来还有大把的机遇等着后来者。阿里集团总参谋长用短短两句话就描绘出一幅惊人的增长图景："'任何人、任何物、任何时间、任何地点，永远在线、随时互动'，这才是未来的互联网。有的研究报告提到，今天我们能连起来的东西还不到1%，如果连接的东西翻100倍的话，这是怎样的概念？"未来的变化是如此快速，并且越来越快，这个变革的时代是冒险者的天堂，是创业者最美好的年代。

对锐意创新的企业，这个时代是美好的：

- 2014年，电影行业出现了互联网化发行的一个标志性事件，美团猫眼在9月30日《心花路放》上映前，联合该影片预售了一个亿的票房，这让影片在竞争激烈的国庆档赢在了起跑线上。
- NB（New Balance新百伦，著名跑鞋品牌）和威斯汀酒店合作，住店客人可以象征性地付费（30元）租一双NB运动鞋，送一双运动袜。给我这样不想带大箱子的人提供了便利，同时把偌大的威斯汀变成了NB的试衣间。这个跨界大赞，正如我帮上海某著名五星酒店咨询的时候说：酒店，是最好的体验店。
- e保养（汽车保养），河狸家（美甲服务），都是“P2P

+ O2O”的模式，首先是去中介（P2P），然后是网上联（O2O），给每个手艺人空投AK47，通过极大提高匹配效率解放生产力。

- 我给国联证券讲过课不久，他们就推出了“灵佣金”产品（不管你成交金额是1万还是100万，每一笔交易的佣金就收5块），速度很快。这个产品的思路非常赞，很灵活，是深刻理解互联网后进退自如的巧妙设计。
- 2013年9月份我和康宝莱中国区总裁Jerry聊完后，12月我再见他，他非常兴奋地给我讲他采取的各种变革，以及取得的成果。
- 我在帮助一家保险公司的时候，公司员工从用户痛点出发，想：北京车主一周只能开6天车，我能不能提供按天计价的车险呢？这将创造令人尖叫的客户价值。
- ……

但是，对于另一些不能适应商业新生代的企业，这个时代却是残酷的：

- 4S店这种建立在人为制造的信息不对称上的垄断生意，早晚将被互联网瓦解。交通部打响了第一枪，发文整治售后垄断，要求配件开放与信息公开。

- 从消费观上看，90后比我们理性得多，最不看中的就是广告和品牌。这对绝大多数4A广告公司来说是个噩耗。
- 互联网时代，咨询行业将面临洗牌，一部分被风险投资侵蚀；另一部分被大数据吞占；剩下的部分将专业化、碎片化。
- 我尝试了一次“滴滴专车”。平常从我家打车去机场61元，用滴滴专车约了一辆奥迪A6L，送到机场优惠价只要67元（原价94.9元）。高档车以这样的低价进入出租车市场，司机赚的其实也不少，是革出租车公司垄断性“份儿钱”的命。
- 佐丹奴、美特斯邦威、真维斯等服装企业都在大规模关店。这正好呼应了我点评李宁、安踏的观点：个别企业的问题，要向内诉求管理；整个行业的问题，要向外诉求战略。
- 大超市不会消亡，但是会消减。2014年超市总体规模下降2%，沃尔玛去年和今年已经关店十几家，家乐福、麦德龙转型发展便利店，让人唏嘘不已。
- 机票分销行业每年4000亿规模，国内2000亿。国内机票代理费3%，加返点共7%左右。最近国航宣布代理费降到2%，随即南航跟进。降一个点，代理行业少赚了20亿。估计下面所有航空公司都会按节奏加入。这一轮结束后，我大胆预测代理费会跳水到0%，与国际接轨。机票分销行业面临大洗牌。

一位大邱庄钢企创始人专程飞来上海，讨论转型策略。大邱庄是和华西村齐名的时代标志，在中国改革开放史上有重要地位，但是他说就在2014年，身边很多钢企纷纷倒闭，银行也不给剩下的钢企贷款。很焦虑。曾经踏准了时代节拍而大获成功的大邱庄，还能在新时代，再次抓住时代的机遇吗？每个行业都在面临变革。

可是，为什么变革大多是从外部发起，常常是外行人颠覆内行人？因为所谓“内行人”，其实就是“既得利益者”的同义词，在几乎所有利益格局重构的变革下，都会自然地扮演抵抗者角色。与其被别人颠覆，不如主动投资别人来颠覆自己，这也是大智大勇！

每一家传统企业，都要面临互联网化转型，面对着进化的力量。什么是互联网化？互联网化并不是指所有公司都变成互联网公司，也不是互联网公司将消灭所有传统产业，而是一套用互联网来提高效率的方法论，一种积极拥抱变化的开放心态。

对于它们如何向互联网转型，刘德有两个建议：

> 第一，调整心态，认识到互联网化是方向，小米身处其中，体验到了这是方向，大家要有正确的认识。
>
> 第二，开放心态，去找最懂互联网的人合作。有传统企业的人跟我聊天，他说我们搞电商，从销售科调了一批人搞电商，失败了，那就再换一批，又在企业内部招募一些人搞电商，又失败了。他说这是咋回事？要我说，道理很简单，电商的操盘手就像飞行员，企业里可以招募一个司机，

企业里招募飞行员吗？所以你要找真正懂互联网、真正懂电商的人来合作。传统企业要有一个对人才开放的态度，去找最强的、最懂这个领域的选手合作。小米有对人才开放的态度，大家对硬件也不懂，但是我们敞开胸怀，找最懂硬件的人来合作，我们在每个领域都是这样干的。传统企业懂得企业结构，可能人才梯队和框架都搭好了，再引入一个重量级人才，可能都没有位置给他，这可能也是一个原因。引进电商人才，有的问题不是工资能解决的，这就是为什么小米早期创业的时候，它是一个全民持股的公司。你要通过全民持股，让所有创业人觉得，这是他的公司，这是他的事情。因为对很多有能力、有经验，又愿意创业的人来讲，他选不选择参加一个公司，看的是未来，而不是说你给他多少薪金。

科学管理创始人泰勒说过一句非常深刻的话："这实质上是要求工人及管理人员进行一场全面的心理革命，没有这样的心理革命，科学管理就不存在。"今天的互联网革命亦是如此，今天的规则与昨天的逻辑，巨大落差造成强烈心理抵抗，这首先是场心理革命，从抗拒到拥抱，也许要通过一代人才能完成。

刘德认为，传统的电视厂商，很难从乐视和小米身上学到什么，一个重要原因是传统心态很难跨过去：

做餐馆可能有划时代的企业，因为一百年前我们就吃面条，今天还吃面条。但是在一些真正跟社会进步相关的领域里，比如在IT领域，在一些新兴的科技领域非常难有划时代的企业，可能在PC时代是你的时代，到了移动互联网的时代就不是你的时代了；微博时代是你的时代，微信时代来了，就不是你的时代了。一定要从大势上想透这些问题，现在很多企业都想干逆天的事。

成为一家大公司是靠运气的，就是你要赶上这个时代的风口，如果不在这个时代的风口的话，你不一定能有这样的机会。有时候我们讨论这家公司或者这票人是不是有成功的基因，还是要先考虑大环境。

做小米是因为我们看清了这个问题，我们永远不做不符合这个时代方向的问题。我们的时代也不会永远停在这儿，我们的时代会走的，所以我们只能在有限的一段时间里，在这个风口上干最合适我们干的事，干成功概率最大、最有机会的事。

像小米这样顺应这个时代的公司，盲目地不遵循这个时代法则，去找那些不适应这个时代的领域的时候也是不会成功的，这是个大势。任何人，任何团队如果看不清大势，盲目地做，都会很难。

行文到了尾声，达尔文的话又在我耳边响起："不是最强壮的能生存，也不是最聪明的能生存，而是最适合的能生存。”

其实“互联网+”，也只不过是整个人类历史中的沧海一粟。互联网是环境的变化，互联网化之后可能会再有机器人化、后工业化……不管外界的商业环境怎么变化，唯一不变的是“进化”。今天蓬勃兴旺、意气风发的朝阳产业未来也可能沦为危机感深重的夕阳产业。正如张瑞敏所说“没有成功的企业，只有时代的企业”。

2014年12月3日，我来到海尔，注意到创牌中心门前有一卦，问何意？答：未济，六十四卦中最后一卦，意即革命尚未成功。顿时百感交集：是啊，做海尔集团战略顾问这一年，感情越来越深，感触就更多。转型不是宇宙哲学，不是革命运动，而是一个复杂的系统工程，时刻提醒自己未济，才有可能走向真正的既济。

变化永恒，进化永恒！

对小米这只“达尔文雀”的深入研究，让我感慨万千，受到非常多的启发，也非常感谢小米公司毫无保留地接受我的采访。

这本书看上去像是一本“故事书”，讲述小米这只“达尔文雀”如何从无到有，适应这个商业新生代的环境，如何进化。但是，我更希望大家能通过阅读这些或有趣，或艰难的“故事”，找到对自己有帮助的进化建议。

我衷心祝愿小米这只“达尔文雀”在“互联网+”的风口上越飞越高，我更要衷心祝愿每一家传统企业都能看清“互联网+”时代的变化，并完成自己的进化！

客户认可

中午两点飞机从北京中欧商学院课堂飞到上海，慕名前来听您课！

百禾传媒总裁

周六的讲座是我收获最大的一次，没有之一！

上海交通大学安泰管理学院学员

和您聊的两小时，比我过去一年学到的还要多！

海尔集团部门总经理

刘润先生对互联网金融有深度研判，是负责任的思想家。

华龙证券董事长

震撼！

兴业证券企业大学校长

今天刘润老师为我们160位来自全国各家银行风险管理岗位的同仁们深入解读了传统金融机构应该如何理解互联网时代的创新与风险，估计对很多学员带来了思想上的冲击，同时又大呼过瘾，只有看得懂才能够来得及，做得到。

中国银联培训中心主任

感谢刘老师精彩的剖析，精炼明确的思维，清晰的条理，使纠结本人许久的困惑轻易化解，如不介意，在我以后的演讲中会不断插入你精辟的观点！

上海市“专精特新”中小企业领军人才培训班学员

这次听了刘润的几节课，他应该是中国互联网届前三位的大师，理解得深刻透彻！

华夏之星学员

互联网转型专家刘润先生授课内容极富冲击力和启发：降维打击、万物互联、抢夺全维度时间……世界和我们已经迎来前所未有的变革时代！唯有创新和自省才能不负于身处这样的时代。

维信理财学员

广州市300名老总，各路诸侯，能6个小时认真听课，实在罕见！

广州地铁小额贷款有限公司学员

润总，好！今天的课，终身受益！

广州市地下铁总公司学员

感谢润总，感觉您的课比XX（刘润注：出于尊重，隐去姓名）的课更成体系，更能够弥补我因为视界的狭窄形成的盲区。听您的课有共鸣，有肾上腺素的飙升，更有完善自己创新计划的冲动。感谢有机会与您形成连接。

飞鹤集团学员

非常棒的讲解，深入浅出，把互联网的内涵分析得简单透彻，受益匪浅。

民生银行学员

刘老师好！您今天的课讲得非常好，听后颠覆了我对互联网商业模式一知半解的理解。

广发证券学员

您这两天辛苦了！我看了大家的评估表，大部分同学给的您满分！这很不容易。

益策北京工作人员

非常有幸今天听刘老师讲课，如沐春风，醍醐灌顶。

海富通基金学员

刘老师，我们董事长表示非常您的课很有价值，他原定只听上午一节课的，结果，一直没舍得走。

信达证券学员

七六年的润总，是我听到过对当今世界互联网研究得最透彻，透彻到被感动！

广州地铁小额贷款有限公司学员

谢谢您分享的视频，看来在提升用户体验，追求极致方面我们公司差距还很大，还有很多工作要做。另外，也要真诚感谢您今天一整天的培训分享，这是华勤一年来最精彩的培训，这不是恭维话哦。很多观点值得我们深思，会引发公司组织讨论，探讨转型之路。希望以后有机会请教、交流。

华勤通讯学员

姊妹篇《互联网+战略版》

互联网+
战略版
传统企业，互联网在踢门
“互联网+”时代来了，传统企业的外部环境发生了哪些变化？
第一本传统企业互联网化的战略指导书
雷军
陆雄文
俞敏洪
蒋昌建
吴晓波
周健工
诚恳推荐

诚恳推荐

雷军　小米董事长&CEO　金山软件董事长

刘润先生的这本书从战略的高度很透彻和深入地剖析了互联网带给传统企业的机会与挑战，我向所有向互联网转型的传统企业推荐《互联网+战略版：传统企业，互联网在踢门》，它能帮助大家看懂互联网思维。

俞敏洪　新东方教育科技集团董事长兼CEO

对于传统企业，他提出的问题确实值得深思：我们到底做产品，还是做平台？什么才是我们真正的优势？一切互联网的优势，都是效率的优势；一切传统企业转型的问题，最后都是组织的问题。

陆雄文　复旦大学管理学院院长

这本书不仅为传统企业如何转型触网提供了丰富的建议，也给从事管理教育的我带来了许多启发和新的思考。

蒋昌建　复旦大学博士《最强大脑》主持人

传统产业如何将互联网思维转化为企业运营的具体实践，正是此书力图回答的重要问题。

内容简介

互联网掀起的是一场社会生活的革命，传统企业面临着巨大的挑战。他们中的许多人，在面对互联网大潮的冲击时，感到迷茫、失落，甚至恐惧。著名财经作家吴晓波认为，制造业将会由原来依靠成本优势大规模制造的模式转变成“专业化公司+信息化改造+小制造”的模式。在10年之内，会有50%～60%的中国传统制造业企业迈不过这个坎儿，惨遭淘汰。

在商业环境巨变的今天，传统企业该怎么走？传统企业转型是一个系统工程，如何定战略、抓主要矛盾……“互联网＋”时代到来了，传统企业的外部环境发生了哪些变化？鉴于目前很多传统企业“老办法不管用，新办法不会用”的现状，本书将用“互联网的加减法”这个简单模型清晰地说明商业新时代的游戏规则和全新玩法，从当前互联网领域的热门话题切入，通过一些大家耳熟能详的案例，总结和探索了传统企业拥抱互联网、实现转型的方法和策略，有助于从事传统行业的读者理解互联网并在实践中学会驾驭互联网。

“正在发生的未来”系列书
互联网时代必读书

互联网时代

互联网时代已经到来，《互联网时代》是入口
全球第一次全面、系统、深入、客观解析互联网
中央电视台继《大国崛起》《公司的力量》《华尔街》等之后，再度重磅出击

穿布鞋的马云

阿里巴巴上市纪念版！迄今为止，最大限度地接近真实的马云，也是唯一客观、真实、完整还原马云22年创业史的里程碑作品！看马云，这一本就够了！史玉柱任志强俞敏洪冯仑等14位大佬朋友力荐

九败一胜

校内网、饭否网、美团创始人王兴创业十年唯一真实记录，90%以上独家创业干货首次公开，赠5万字内部讲话与思维导图

社交红利（修订升级版）

腾讯资深员工首度系统对外分享微信、微博内幕；腾讯内部社交网络教材；李开复雷军张志东等18位CEO强烈推荐！新增6万余字，近50%以上修订幅度！

即将到来的场景时代

移动互联网时代争夺的核心，产品经理项目经理做产品研发营销的出发点；抢占场景，就站在了风口上！马云入股优酷和新浪微博，腾讯入股京东和大众点评网，都在争夺场景。

粉丝经济

互联网大潮来袭，传统企业不转型，等死！转型，找死！只要找到突破口，就能弯道超车，置之死地而后生！WeMedia联盟成员诚恳推荐，一千万中高端人士必读！

部落的力量

用“心”的办法，搞定用“薪”处理不了的问题。《纽约时报》畅销榜第一名，谢家华、沃伦·本尼斯、禅师菲尔·杰克逊强烈推荐。

智能时代

新技术催生新机会，新机会成就新的王者！智能时代大踏步来临，你准备好了嘛！世界科技产业界领袖级人物杰夫·霍金斯解密智能的奥妙。两届诺贝尔奖得主强烈推荐。

颠覆金融

王文京、孙陶然等20位顶尖高手强烈推荐，最赚钱的行业，最全新的玩法，一本书让你彻底玩转互联网“钱生钱”游戏。

微信账号

扫一扫，回复书名
免费试读更多互联网类好书

如需团购图书，请联络：刘佳，010-82069038